IL Y AVAIT AUTREFOIS...

CHEZ LE MÊME ÉDITEUR

Langue française, par GRÈZES et DUGERS.

L'Arc en ciel (Tout le français au Cours élémentaire 1re année), par DULAC.

Nez au vent (Nouvelles lectures Cours élémentaire 2e année), par FILLOUX.

A la découverte (Lectures Cours élémentaire), par FILLOUX.

Dès l'aurore (Lectures Cours élémentaire 1re année), par BÉRIER et GILBERT.

De bon matin (Lectures Cours élémentaire 2e année), par BÉRIER et GILBERT.

La dictée au Cours élémentaire, par BRAULT.

Nouvelle géographie, par PINARDEL.

Premiers pourquoi, premiers comment (Sciences Cours élémentaire), par CHARBONNIER-NALLET.

Leçons de choses, par GRILL.

Arithmétique nouvelle, par COURTET-GRILL-FRANÇOIS.

La pratique du calcul (Cours élémentaire), par BRAULT.

DU MÊME AUTEUR :

Au temps de..., Histoire de France, Cours moyen.

La Victoire de l'Homme, l'histoire en classe de fin d'études primaires.

Il a été extrait de " **IL Y AVAIT AUTREFOIS...** "
des séries de frises (format 45 × 68) pour décoration
de classe (en vente aux Éditions de l'École).

HISTOIRE DE FRANCE

Par E. BILLEBAULT

Il y avait autrefois...

COURS ÉLÉMENTAIRE

Classes de 10e et 9e

Illustrations de R. Bresson

N° 445

LES ÉDITIONS DE L'ÉCOLE

11, RUE DE SÈVRES, PARIS -VIe

PRÉFACE

En rédigeant ce manuel d'Histoire nous n'avons eu qu'une préoccupation dominante : être à la portée d'un élève du Cours élémentaire. Cette tâche nous fut d'ailleurs facilitée par les indications formulées dans le Programme officiel qu'il nous paraît indispensable d'avoir constamment à l'esprit.

« L'histoire sera réduite à des récits simples et concrets consacrés aux grandes figures et aux épisodes les plus marquants de notre vie nationale, et à des commentaires de quelques documents originaux et de gravures représentant de grands monuments et des hommes célèbres. Ces récits pourront fournir l'occasion de tracer un tableau élémentaire de la vie matérielle et de la vie sociale aux différentes époques de notre histoire. »

Il ne s'agissait donc pas, dans ce manuel, de présenter une chronologie suivie de notre histoire mais d'en retenir les moments les plus marquants et les plus significatifs. Un choix, dès lors, était nécessaire; le Programme officiel nous en suggère un : nous nous en sommes largement inspiré. Cependant, considérant d'une part sa valeur « indicative » (ainsi que le souligne le programme), d'autre part la mission multiple de la France, nous nous sommes permis certaines modifications.

L'économie des leçons, nous l'avons voulue simple. Il suffit de suivre le texte : il conduit tout naturellement à l'observation des illustrations. Dans notre esprit, celles-ci font essentiellement partie de la leçon, l'on est invité à s'y reporter chaque fois que l'on rencontre le signe (×). A ce moment les enfants doivent disposer de quelques instants pour regarder l'illustration intéressée : puis ils répondent aux questions formulées dessous. Le questionnaire étant épuisé, on reprend la lecture du texte jusqu'à l'illustration suivante. Nous insistons pour que jamais l'observation de l'image ne soit négligée : d'une part, parce qu'elle tient lieu souvent d'un développement; d'autre part, parce que nous avons voulu qu'elle ait une valeur documentaire : nous avons constamment eu recours au document et le talent de M. Bresson, s'il s'est traduit en artiste, ne s'est jamais dispensé de l'exactitude.

Dans le texte on trouvera également le signe (*) qui indique les mots sur l'explication desquels il convient d'insister et le troisième signe (C) qui est une invitation pressante à consulter la carte murale.

Le Résumé, que nous avons fait court, est présenté sous deux formes différentes : l'une destinée aux élèves de première année, l'autre à ceux de seconde année.

Le Questionnaire qui suit est à étudier à la maison. Les questions qui font appel à la réflexion pourront parfois sembler difficiles; nous n'y avons cependant pas renoncé parce qu'elles sont l'occasion de souligner un fait de valeur : aussi le maître aura soin d'apporter les explications nécessaires.

Un Exercice écrit, *toujours en deux parties, est présenté en fin de leçon : les élèves de première année feront le N° 1, ceux de seconde année feront l'exercice entier. Les* formules *simples qui se trouvent en haut des pages de droite expriment généralement une idée importante : elles pourront être apprises en seconde année. Elles pourront toujours servir d'exercice d'écriture.*

Les Leçons de révision *comportent des exercices variés, oraux ou écrits : les illustrations simples et les portraits seront autant de points de départ pour de petites révisions; certaines questions feront appel à la mémoire seulement, d'autres au jugement élémentaire des enfants, d'autres encore à l'esprit d'observation en invitant à quelques recherches dans les illustrations des leçons antérieures. En fin de leçon* quelques dates fondamentales *seront apprises par cœur : la liste en a été volontairement écourtée, car elles sont* « destinées bien plus à éviter des confusions grossières qu'à mesurer le temps écoulé, ce qui est à coup sûr hors de portée de l'enfant ».

Nous n'avons fait ci-dessus que présenter ce manuel et en esquisser une formule d'utilisation. Mais notre conviction que la part du maître reste primordiale dans la leçon d'histoire nous a conduit à rédiger un directoire *dans lequel nous avons voulu, sans doute d'une façon un peu exhaustive, présenter les multiples ressources, les prolongements et les enseignements que peut offrir chaque leçon. Au maître de choisir et d'animer son enseignement selon l'atmosphère de la classe.*

Il nous reste, avant que vous ne tourniez les pages qui suivent et dont la conception nous a enthousiasmé depuis nos débuts dans un cours élémentaire, à vous souhaiter, à vous maîtres et à vous chers enfants, de belles heures au contact du passé de votre pays, si riche de bravoure, d'honneur, de gloire et de foi.

E. B.

1. - Damos, le chasseur gaulois

R.Bresson

AU VILLAGE DE DAMOS. — 1. En quel endroit se trouve le village de Damos ? — 2. Comment s'appellent les maisons de ce village ? Avec quoi sont-elles construites ? Fait-il clair à l'intérieur ? Pourquoi ? Comment la fumée s'échappe-t-elle du toit ? — 3. Regardez Damos, au milieu de la gravure : comment est-il habillé et chaussé ? Quelle est la couleur de ses cheveux ? Quelle est la forme de sa moustache ? — 4. D'où revient-il ? Quelles sont ses deux armes ? Que rapporte-t-il ? — 5. Que font les deux autres Gaulois ? Le laboureur a-t-il une charrue ou un araire ? — 6. Que font les deux Gauloises ? — 7. Quels animaux les Gaulois élevaient-ils ?

Il y a très longtemps, notre pays s'appelait la Gaule : ses habitants étaient les Gaulois. Ils vivaient réunis en *tribus* *. Regardez bien, nous voici dans le village (×).

1. Damos le chasseur va donner un festin *. — Damos, le chasseur rapide comme le daim, revient de la chasse. Il est grand et fort. Il est allé dans la forêt, où vivent des animaux sauvages : les aurochs, grands bœufs au front bombé ; les ours, les élans. Damos a réussi à tuer un daim.

Damos va inviter ses amis : le forgeron qui fabrique les épées et les poignards, les casques, les faucilles ; le tisserand, qui fait de belles étoffes ; l'artisan, qui fabrique de riches parures en or, comme les bagues et les colliers ; le potier aux doigts agiles.

2. Damos va s'habiller. — Entrons avec lui dans sa *hutte*. Attention ! baissons-nous

bien car la porte est très basse. Quelle mauvaise odeur ! La fumée nous pique les yeux ; nous n'y voyons pas grand'chose d'abord, parce qu'il n'y a pas de fenêtre. Le feu est au milieu, entre deux grosses pierres et, tout autour, il y a de l'herbe pour se coucher, des bottes de foin ou de paille recouvertes de peaux de bêtes pour s'asseoir. Il n'y a pas de meubles ; quelques vases en poterie ou en or sont disposés autour de la pièce, tandis que deux têtes de sangliers et une tête d'ours sont pendues aux murs.

Damos s'habille pour le festin. Il met un pantalon très large ou *braie*, puis il endosse une tunique serrée à la ceinture, la *saie* ; enfin il attache ses chaussures à semelles de bois avec des cordelettes.

3. Damos donne un grand festin près de sa hutte. — Les invités déchirent à belles dents la viande saignante. Ils boivent de l'*hydromel* ou du vin contenus dans des cruches en terre cuite. Hélas les convives s'enivrent et le repas se termine par des disputes. Heureusement Damos réussit à calmer ses invités ; mais, l'autre jour, chez Orgétorix, le repas s'est terminé par un combat à l'épée et l'un des hommes a été tué (×).

Avec quoi la table est-elle faite ? Qu'est-ce que les Gaulois portent sur la poitrine et sur la tête ? Que mangent-ils ? Y a-t-il un plat de légumes ? Comment mangent-ils ? Dans quoi boivent-ils ? Comment la viande est-elle cuite ?

4. Au début de l'hiver, Damos se rend à la cueillette du gui. — Comme tous les Gaulois, Damos ne connaît pas encore le vrai Dieu, Celui que nous prions aujourd'hui. Il adore le soleil, les nuages, le tonnerre ; il croit que certaines plantes, comme le gui, ont un pouvoir merveilleux. Avec la foule du village, Damos a suivi les *druides*, prêtres très savants, qui conduisent le cortège vers le chêne où l'on a découvert le gui (×).

Où sommes-nous ? Où est le druide ? Comment est-il vêtu ? Que fait-il sur le chêne ? Que font les Gaulois pendant ce temps ? Quels animaux ont-ils amenés ? Comment sont placées les trois grosses pierres blanches ?

Puis les druides égorgent deux taureaux blancs sur de grandes pierres. Après le sacrifice chaque Gaulois rentre au village, en portant un rameau de gui pour se préserver* du mal. Les *bardes*, ou poètes gaulois, chantent. La fête se termine par un grand repas.

CE QU'IL FAUT RETENIR

1re *Année.* — Il y a très longtemps notre pays s'appelait la Gaule. Les Gaulois chassaient dans la forêt, ils cultivaient aussi la terre. Ils adoraient le soleil et le tonnerre.

2e *Année.* — Les Gaulois étaient grands, ils avaient des yeux bleus, des cheveux blonds. Ils aimaient les joyeux festins, mais ils se querellaient souvent. Avec leurs prêtres, appelés druides, ils adoraient le soleil et le tonnerre.

Comment s'appelait autrefois notre pays ? Quels étaient les principaux artisans du village gaulois ? Les Gaulois savaient-ils faire du feu ? Quelles armes fabriquaient-ils ? Quels outils ? Quels étaient les dieux des Gaulois ? Comment s'appelaient leurs prêtres ?

COPIEZ (en complétant). — 1. *Damos habite dans une..... Il a de longs cheveux..... . — 2. Il est armé d'une..... et d'un..... Il boit de l'..... Le..... coupe le gui et égorge les taureaux sur une.....*

2. - Vercingétorix, chef des Gaulois

LES GAULOIS REPOUSSENT LES ROMAINS A GERGOVIE. — 1. Où sont les Gaulois ? Où sont les Romains ? — 2. Quel est le costume des Gaulois ? Comment sont-ils armés ? — 3. Quel est le costume des légionnaires romains ? Quelles sont leurs armes ? — 4. Comment sont les casques des guerriers des deux camps ? Qu'est-ce qui distingue le casque de l'officier romain ? — 5. Quels sont les emblèmes des deux camps ?

La Gaule a été envahie * par un peuple puissant, les *Romains*, qui habite l'Italie (C).

1. Vercingétorix rassemble les Gaulois contre Jules César. — Les armées romaines, appelées *légions*, sont commandées par **Jules César**. C'est un grand général qui veut faire la conquête de toute la Gaule pour se couvrir de gloire *. Les tribus gauloises comprennent vite que le seul moyen de battre les Romains, c'est de s'unir *. Elles choisissent un jeune chef, **Vercingétorix** ; il est de la tribu des Arvernes, en Auvergne (C) ; son nom veut dire le « grand roi des guerriers ».

2. Vercingétorix est victorieux des Romains à Gergovie. — Vercingétorix a réuni les guerriers gaulois dans les forêts du Berry (C) :

— «Gaulois, dit-il, nous brûlerons tous nos villages et toutes nos récoltes ; nous ne laisserons rien aux Romains. De cette manière ils seront obligés de partir ou de se rendre.

Tout est incendié. Seule la ville de Bourges est épargnée, sur la prière de ses habitants (C). Mais ceci permet aux Romains de se ravitailler *. Ils poursuivent Vercingétorix et l'assiègent à **Gergovie** (C).

César essaie de surprendre les Gaulois. Mais ceux-ci se battent furieusement (×). Vercingétorix amène des renforts et bientôt les Romains reculent. César doit ordonner la retraite *. Les Gaulois ont remporté une belle victoire sur les légions romaines.

3. Vercingétorix est assiégé * par Jules César à Alésia. — Les Gaulois ont voulu poursuivre Jules César. Mais celui-ci a eu le temps de renforcer son armée. Aussi Vercingétorix, menacé de nouveau par les Romains, doit se réfugier avec ses guerriers dans **Alésia** (C).

César fait le siège de la ville ; les Gaulois y sont enfermés (×).

Quelle est la ville qui se trouve au sommet de la colline ? Où se trouvent les Gaulois ? Qu'est-ce que les Gaulois ont à franchir pour arriver jusqu'aux Romains ? Regardez les catapultes avec lesquelles les Romains lancent de grosses pierres.

Bientôt les Gaulois manquent de vivres*. Une armée de secours vient pour les délivrer.

Les Romains sont attaqués de deux côtés à la fois, mais César envoie sa puissante cavalerie ; les Gaulois sont bientôt repoussés ; ils s'enfuient, tandis que Vercingétorix et ses guerriers restent enfermés dans Alésia.

4. Vercingétorix se rend à Jules César en 52 avant Jésus-Christ. — Vercingétorix réunit les chefs et leur dit : « Je vais me livrer à César : j'espère qu'il épargnera * le peuple gaulois ».

Vercingétorix s'habille alors comme pour une fête ; il s'avance, fier et droit, dans le camp romain. César l'attend. Vercingétorix, sur son cheval de bataille, fait un cercle devant l'estrade ; puis il saute à terre (×).

César, insensible, le gardera cinq ans prisonnier avant de le faire mettre à mort. Les Romains restent les maîtres de la Gaule.

Où se passe cette scène ? Qui est assis ? Qui est à genoux ? Que fait-il ? Pourquoi se rend-il à César ? Quelles sont les tours qui sont au fond ? Regardez l'emblème romain.

CE QU'IL FAUT RETENIR

1re *Année.* — **Jules César veut faire la conquête de la Gaule avec ses légions ; Vercingétorix essaie de l'arrêter, mais le brave chef gaulois est vaincu à Alésia.**

2e *Année.* — **Vercingétorix est choisi comme chef par les tribus gauloises. Il fait tout incendier et bat Jules César à Gergovie.**

Mais les Romains renforcés l'assiègent à Alésia. Vercingétorix doit se rendre à César en l'an 52 avant Jésus-Christ.

Comment s'appelaient les armées romaines ? Qui était leur grand chef ? Pourquoi Vercingétorix conseilla-t-il aux Gaulois de tout brûler ? Quelle ville fut épargnée ? Où César fut-il battu ? Que fit Jules César autour d'Alésia ? Que firent les Gaulois pour sauver Vercingétorix ? Racontez comment Vercingétorix s'est rendu à Jules César. Qu'est-ce qu'un héros ?

COPIEZ (en complétant). — *1. Jules..... était le chef des..... romaines. .....appartenait à la..... des Arvernes. — 2. Vercingétorix sera battu au siège d'..... en l'an..... avant Notre Seigneur..... .*

3. - Nîmes, la ville gallo-romaine

LE FORUM DE LA VILLE GALLO-ROMAINE. — 1. Qu'est-ce que le forum ? — 2. Reconnaissez les monuments qui se trouvent autour du forum : les arènes, le temple et l'arc de triomphe. A quoi les reconnaissez-vous ? — 3. Ces maisons sont-elles construites comme celles des Gaulois ? Qu'y a-t-il à l'entrée ? — 4. La rue est-elle en terre battue ? Comment circule-t-on dans la rue ? — 5. Où trouve-t-on de l'eau dans la ville ? Voyez-vous une boutique de commerçant ? — 6. Comment les Gallo-Romains sont-ils habillés ? Reconnaissez-vous des légionnaires romains ? N'y a-t-il pas un Gaulois vêtu à l'ancienne mode ? — 7. Pourquoi y a-t-il tant de monde sur le forum ?

Après la défaite de Vercingétorix, les Romains ont assuré la paix à la Gaule. Les Gaulois ont alors voulu vivre comme eux : c'est pourquoi on leur a donné le nom de *Gallo-Romains.*

1. Julius habite à Nîmes une belle maison de pierre. — Allons à Nîmes (C) chez un riche Gallo-Romain nommé Julius. Il habite une belle maison : nous entrons.

Nous traversons une grande pièce éclairée par une ouverture ménagée dans le toit : un petit bassin peut recevoir les eaux de pluie. Puis nous voici dans une cour entourée de *colonnes* : au milieu se trouve une pièce d'eau qui sert de piscine.

D'autres chambres s'ouvrent sur les côtés de la cour et, au fond, une grande pièce communique avec une cuisine, une salle à manger et un salon.

Partout le sol est pavé de *mosaïques* * ; nous pouvons aussi admirer de belles *statues* et des meubles.

Julius bavarde avec quelques amis dans le salon : tous parlent *latin.* Mais voici l'heure de se rendre aux *arènes.*

2. Par les rues de Nîmes, Julius va aux arènes. — Il marche d'abord dans les rues étroites. Des cavaliers, d'autres piétons le saluent. Puis il se range contre le mur : un char passe lourdement chargé de blé, de vin, d'huile qu'il apporte aux marchands de la ville.

Enfin Julius arrive sur la place, le *forum,* entourée de grands monuments. Regardons-la bien (×). L'eau vient de très loin : elle est amenée jusqu'aux nombreuses *fontaines* de la ville et jusqu'aux *thermes,* où tous les habitants peuvent prendre des bains.

3. Julius assiste à un combat de gladiateurs, aux arènes. — Julius est arrivé : le voici assis sur un banc de pierre. Des milliers de spectateurs sont là. Le spectacle commence. Regardez les *gladiateurs* (×).

Quelle est la forme des arènes ? Où se trouvent les spectateurs ? Qu'est-ce que les gladiateurs ? Sont-ils tous armés de la même manière ? Pourquoi ce combat est-il cruel ?

Comme beaucoup de Gallo-Romains, Julius aime ces distractions violentes et barbares. Il y a quelques semaines il était venu voir un combat de gladiateurs contre les lions et les tigres. Pourtant on donne souvent des spectacles moins sanguinaires : acrobates, danseurs, jongleurs ; au *théâtre* on joue des comédies.

4. Julius rend visite à son ami Claudius. — Julius a décidé aujourd'hui d'aller voir son ami Claudius, qui habite une ferme, appelée *villa*, non loin de Nîmes. Claudius est un grand propriétaire qui a des champs, des vignes ; il les cultive avec l'aide d'esclaves * et d'ouvriers.

Pour se rendre chez son ami, Julius suit la voie romaine (×). Il peut admirer le *pont du Gard*, l'immense *aqueduc* qui amène l'eau jusqu'aux fontaines de Nîmes.

La voie romaine ressemble-t-elle à nos routes d'aujourd'hui ? Comment voyage-t-on sur la voie romaine ? Comment les chevaux sont-ils attelés ? Comment la villa est-elle construite ? Voyez-vous un champ cultivé ? Comment l'aqueduc est-il construit ? A quoi sert-il ? Les Gaulois ont-ils profité de la venue des Romains ?

CE QU'IL FAUT RETENIR

1re *Année.* — **Les Gallo-Romains ont construit de belles maisons de pierre, de beaux monuments, comme les thermes et les arènes. Ils parlaient le latin.**

2e *Année.* — **Les Romains, venus en Gaule, ont construit des villes, des monuments, des aqueducs, des routes. Ils ont appris le latin aux Gaulois.**
Les Gaulois sont devenus les Gallo-Romains : ils vivaient comme les Romains. Ils allaient au forum, au théâtre, aux arènes.

Quelles pièces traversez-vous dans la maison de Julius ? Quelles sont les occupations de Julius ? Quelles différences y a-t-il entre une ville gallo-romaine et un village gaulois ? Comment l'eau était-elle amenée à la ville et distribuée ? Qu'est-ce qu'un ouvrier et qu'est-ce qu'un esclave ?

COPIEZ (en complétant). — *I. N..... est une ville gallo-..... Les Romains vont se baigner aux th....., ils vont se distraire au..... et aux...... . — 2. La grande place s'appelle le..... A la campagne les Gallo-Romains habitent dans des.....*

4. - Sainte Blandine

LES PREMIERS CHRÉTIENS DANS LES CATACOMBES A ROME. — 1. Qu'est-ce que les catacombes ? Reconnaissez-vous un sarcophage dans lequel les chrétiens ont placé un de leurs morts ? L'autel ressemble-t-il aux autels de nos églises ? — 2. Qu'est-ce que les chrétiens viennent faire dans les catacombes ? Pourquoi viennent-ils ici ? Y a-t-il des églises dans les villes gallo-romaines ? Pourquoi ? — 3. Quel costume portent-ils tous ? — 4. Que fait l'évêque? Ses vêtements sont-ils les mêmes que ceux d'un évêque d'aujourd'hui ? — 5. Y a-t-il longtemps que Jésus est mort sur la Croix à cette époque ?

Comme les Gaulois, les Romains sont païens : ils adorent de faux dieux. Mais beaucoup commencent à connaître et à aimer Jésus.

1. A Lyon, Blandine va à la réunion des chrétiens. — **Blandine** habite à Lyon (C) ; c'est une jeune fille de dix-sept ans ; elle travaille chez une dame chrétienne qui lui a appris à aimer Jésus. Aujourd'hui Blandine va à une réunion de chrétiens, qui se tient en cachette dans la maison d'un Gallo-Romain. Elle y retrouve Alexandre, qui est médecin ; Vettius, un riche Romain de la ville ; et puis Ponticus, un commissionnaire de quinze ans (×).

Tous écoutent l'**évêque Pothin**, un vieillard de quatre-vingt-dix ans ; il leur dit qu'il faut faire beaucoup de sacrifices pour Jésus. Blandine demande à Notre-Seigneur de lui donner du courage.

2. Blandine, comme tous les chrétiens, n'est pas aimée. — Beaucoup de Gallo-Romains croient que les chrétiens se cachent pour commettre d'horribles crimes. On raconte que l'évêque Pothin recouvre un petit enfant d'une pâte blanche et qu'il lui perce le cœur d'un coup de couteau. Aussi, beaucoup de gens, trompés par ces racontars, détestent les chrétiens.

Quand Blandine passe dans la rue, on la montre du doigt ; si elle va aux thermes on lui en refuse l'entrée. Au marché, quand elle veut acheter de l'huile, ou un chou, ou des pêches, le marchand lui crie souvent : « Va-t-en sale chrétienne ! ».

3. Blandine est jetée en prison. — Une grande fête doit avoir lieu à Lyon, le premier août. Les gens viennent de toutes les villas des environs.

L'évêque Pothin veut profiter de cette fête pour faire connaître Jésus davantage. Au coin d'une rue il parle de Notre Seigneur, du bon Dieu. Bientôt des gens l'entourent. Quelques-uns l'écoutent avec attention. D'autres veulent le faire taire, ils l'insultent ; des chrétiens protègent leur évêque. Mais des soldats arrivent, ils conduisent Pothin et ses défenseurs au gouverneur * de la ville.

Le gouverneur veut que les chrétiens renoncent à Jésus ; il les fait frapper par le bourreau *. Mais aucun des chrétiens, ni Pothin, ni Blandine, ni Ponticus ne veulent renier * Jésus. Ils sont jetés en prison : l'évêque y meurt de ses blessures.

4. Blandine est livrée aux bêtes. —
Tous les habitants de la région sont maintenant dans l'*amphithéâtre* * de Lyon. On a promis des combats de bêtes et de gladiateurs. La foule attend le gouverneur : le voici en grand costume d'apparat. Alors des milliers de voix crient : « Les chrétiens ! les chrétiens ! » Le gouverneur * accepte : il fait livrer les chrétiens aux bêtes féroces.

Ils s'avancent. On reconnaît Blandine, Ponticus, Sanctus. La foule trépigne, les menace du poing, les injurie. Mais ils prient à haute voix pour demander à Dieu le courage de supporter une mort affreuse. Soudain, on lâche les lions et les léopards affamés, qui se précipitent sur les chrétiens. Mais les bêtes ne touchent pas à Blandine (×).

Où se passe cette scène ? Où se trouve le gouverneur ? Pourquoi les Gallo-Romains demandent-ils la mort de Blandine ? Pourquoi les bêtes ne l'ont-elles pas touchée ? Que fait-elle en ce moment ?

Les gardes détachent la jeune fille et l'enveloppent dans un filet ; puis ils ouvrent les grilles, un taureau furieux se rue sur Blandine, la piétine, l'accroche avec ses cornes et la jette en l'air. Blandine meurt sans pousser un cri.

Blandine et tous les chrétiens qui meurent pour Jésus sont des *martyrs*. Bien des gens sont émus par leur courage. Beaucoup de Gallo-Romains vont bientôt croire en Dieu et devenir chrétiens eux-mêmes.

CE QU'IL FAUT RETENIR

1re *Année.* — **Les premiers chrétiens étaient souvent persécutés. Sainte Blandine a été livrée aux bêtes féroces : c'est une martyre.**

2e *Année.* — **Les premiers chrétiens devaient se cacher pour prier. Beaucoup ont été persécutés et sont morts pour Jésus : ce sont les martyrs. Mais, en voyant leur courage, de nombreux Gallo-Romains se firent chrétiens à leur tour.**

Pourquoi les chrétiens se cachaient-ils pour prier ensemble ? N'y avait-il que des pauvres gens ? Pourquoi les chrétiens n'étaient-ils pas aimés ? Quels spectacles donnait-on dans l'amphithéâtre, en temps normal ? Pourquoi les Gallo-Romains se sont-ils convertis en grand nombre ?

COPIEZ (en complétant). — *1. Blandine va à la réunion des chrétiens de la ville de..... Elle connaît l'évêque..... . — 2. Dans l'amphithéâtre la foule demande au gouverneur « ..... » Sainte..... a offert sa vie à..... : c'est une.....*

5. - La Gaule chrétienne

R.Bresson

SAINT MARTIN PARTAGE SON MANTEAU. — 1. Sommes-nous toujours à l'époque gallo-romaine ? A quoi le voyez-vous ? — 2. Qui est Martin ? A quoi reconnaissez-vous que c'est un officier romain ? Comment est-il habillé et armé ? — 3. Où se passe la scène ? En quelle saison ? Quels sont les murs qui sont au fond ? Que voyez-vous au-dessus de la porte ? Que signifie cet oiseau ? — 4. Que fait Martin ?

Après les martyrs il y eut beaucoup de saints * qui ont voulu faire connaître Jésus dans toute la Gaule.

1. Martin donne la moitié de son manteau. — Martin est officier dans l'armée romaine ; il voudrait servir * Jésus, mais il n'est pas encore baptisé. Pourtant il se conduit comme un vrai chrétien.

Un soir, à **Amiens**, il revient d'une ronde aux postes de garde (C). Il a déjà rencontré plusieurs pauvres à qui il a donné tout ce qu'il avait dans sa bourse. Et voici que, tout à coup, il aperçoit un miséreux recroquevillé dans l'encoignure d'une porte (×).

Martin n'a pas hésité : il a partagé son manteau et en a donné la moitié au pauvre. La nuit suivante, il a un rêve merveilleux : Jésus lui apparaît couvert de son manteau.

Dans toute la ville on parle de la charité de Martin. Il est digne d'être chrétien ; il reçoit le baptême et, quand il peut quitter l'armée, il décide de se consacrer * à Dieu.

2. Martin est l'apôtre de la Gaule. — Martin vient alors près de **Poitiers** (C) où habite son ami, l'évêque Hilaire ; il vit isolé du monde ; bientôt d'autres chrétiens suivent son exemple. Avec eux, Martin fonde * le premier monastère de la Gaule, à **Ligugé** (C). La vie de ces moines est très humble. Ils cultivent la terre et demandent pardon à Dieu pour les fautes des hommes.

Quelques années plus tard les habitants de **Tours** (C) le choisissent pour évêque, bien malgré lui. Il fonde un nouveau monastère, celui de **Marmoutier**, puis il part pour évangéliser * la Gaule. Il va dans les villages. Beaucoup de païens ne veulent pas l'écouter.

Mais Martin est aidé par Dieu : il fait des miracles, il guérit un lépreux et un sourd-muet. Un jour il doit se laisser attacher à un arbre qu'on va abattre ; mais Dieu le protège et l'arbre ne tombe pas du côté où Martin est attaché. Les païens se convertissent. Martin fait construire une église dans le village, puis il repart vers un autre village.

Vous comprenez maintenant pourquoi le nom de Saint-Martin a été donné à beaucoup de villages et d'églises de France.

3. Sainte Geneviève protège Paris.

— La Gaule est envahie par des barbares, les *Huns* ; ils sont conduits par un chef terrible, *Attila*, qui se fait appeler le « fléau de Dieu ».

Ce sont de petits hommes, couverts de peaux de rats ; ils vivent toujours à cheval et sont habiles à manier l'épée et le lasso. Sans cesse ils se déplacent, pillent les villes et les villages. Partout où ils passent, ils laissent des souvenirs effrayants. Pour leur échapper les populations s'enfuient devant eux.

Les Huns s'approchent de Paris, qu'on appelle **Lutèce** à ce moment-là (C). Les Parisiens ont peur (×).

Que fait sainte Geneviève ? Où vont les Parisiens ? Pourquoi s'en vont-ils ? Que font-ils au fond ? Comment s'en vont-ils ? Quel est le fleuve où naviguent les barques ? Y avait-il des murailles autour de Paris ?

Geneviève, une jeune fille très chrétienne, les rassure : « Ne partez pas, leur dit-elle, Lutèce ne craint rien ». Quelques hommes protestent ; ils veulent jeter la jeune fille dans la Seine. Mais Dieu la protège.

Geneviève va prier à l'église, suivie par d'autres femmes. Les Parisiens restent et le miracle s'accomplit* : Attila n'attaque pas Lutèce. Bientôt il sera battu et obligé de s'enfuir.

Tous les Parisiens remercient Geneviève ; ils vont la choisir comme *patronne* *.

CE QU'IL FAUT RETENIR

1re *Année.* — **Saint Martin fonda le premier monastère . Il fut l'apôtre de la Gaule. Sainte Geneviève protégea Lutèce contre les Huns.**

2e *Année.* — **Saint Martin fonda les monastères de Ligugé et de Marmoutiers. Il évangélisa la Gaule et fit construire de nombreuses églises. Sainte Geneviève protégea Lutèce qui était menacée par Attila, le terrible chef des Huns. Elle devint la patronne de Paris.**

Quelle fut la plus belle qualité de Saint Martin ? Pourquoi était-il digne d'être baptisé ? Qu'est-ce qu'un monastère ? Que font les moines ? Pourquoi le nom de Saint Martin a-t-il été donné souvent à des villages et à des églises ? Comment Sainte Geneviève a-t-elle protégé Lutèce ?

COPIEZ (en complétant). — *1. Saint .... partagea son..... avec un pauvre. Il fonda les deux..... de..... et de Marmoutiers. — 2. Les..... étaient conduits par..... qui s'appelait le « fléau de Dieu ». Sainte..... est la..... de Paris.*

6. - Clovis, roi des Francs

CLOVIS EST ÉLEVÉ SUR LE PAVOIS. — 1. En quel endroit se trouve le village franc ? Quel village vous rappelle-t-il ? — 2. Comment les habitations des Francs sont-elles construites ? Regardez le chariot : comment est-il construit ? Par quels animaux est-il tiré ? — 3. Pourquoi Clovis est-il élevé sur le pavois* ? Comment est-il habillé ? Quelles sont ses armes ? Comment est son bouclier ? — son casque ? — 4. Que font les Francs autour de Clovis ? Pourquoi ? — 5. Comment sont habillés les deux premiers Francs qui portent le pavois ? Un Franc ressemble-t-il à un Gaulois ? (Pensez au visage, aux cheveux, aux costumes).

Après les Romains les **Francs** ont envahi la Gaule ; ils venaient de l'Allemagne (C).

1. Les Francs qui viennent vivre en Gaule sont de redoutables guerriers. — Ils vivaient d'abord dans le Nord de l'Allemagne (C) ; mais les richesses de la Gaule romaine les ont attirés dans notre pays, où ils se sont établis *.

Regardez un guerrier franc : il est grand, il a relevé et attaché ses cheveux d'un brun roux sur le sommet de la tête ; il les laisse retomber devant ou derrière comme une queue de cheval. Son visage est rasé ; mais il garde deux longues moustaches tombantes. Ses armes sont l'épée courte et la terrible francisque, hache à deux tranchants, qu'il lance au visage ou contre le bouclier de son ennemi.

Les Francs vivent comme les Gaulois, en tribus dans les clairières. Mais les femmes et les vieillards cultivent les champs ; les hommes, eux, vont à la chasse ou à la guerre.

2. Clovis devient roi des Francs. — Les Francs ont choisi un chef nommé **Clovis**, jeune guerrier âgé de quinze ans (×).

Ils ne lui obéissent pas toujours. Un jour les Francs prennent * la ville de **Soissons** (C) ; ils ont pillé * l'église. L'**évêque Rémi** vient trouver Clovis et lui réclame un vase auquel il tient beaucoup.

Le roi veut faire plaisir à l'évêque ; il demande le vase. Un guerrier franc s'approche et brise le vase en disant : « Tu n'auras que ce que le sort te donnera. »

Clovis ne dit rien. Mais l'année suivante il passe ses guerriers en revue *. Il s'arrête devant le guerrier insolent, il prend ses armes qui sont mal entretenues et les jette à terre. Le guerrier se baisse pour les ramasser : alors Clovis lui fend le crâne avec sa francisque, en disant : « Souviens-toi du vase de Soissons ».

3. Clovis gagne la bataille de Tolbiac et se fait baptiser à Reims. — Plus tard Clovis épouse une princesse chrétienne, **Clotilde**. Celle-ci voudrait que Clovis devienne chrétien : mais il refuse.

Pourtant, une bataille va le décider. Les Francs sont menacés par des barbares, les *Alamans*. Clovis veut les arrêter : une bataille a lieu ; mais elle commence très mal pour les Francs qui reculent. Clovis est désespéré. Alors il s'écrie en plein combat : « Dieu de Clotilde, si tu me donnes la victoire, je me ferai baptiser. »

Et Dieu donne la victoire à Clovis ; le roi tient parole : il se convertit. Aux côtés de Clotilde il écoute les leçons de l'évêque Rémi ; il lui arrive même de se mettre en colère : « Ah ! si j'avais été là avec mes guerriers Jésus ne serait pas mort sur la Croix ! » dit-il un jour à l'évêque. Il se fait baptiser à **Reims** (C) avec trois mille guerriers francs. Clovis est ainsi le premier roi chrétien (×).

Où est Clovis ? Dites le nom de l'évêque et de la reine. Comment l'évêque baptise-t-il Clovis ? Baptise-t-on aujourd'hui comme au temps de Clovis ? Qui voyez-vous au fond, derrière l'évêque ? Qu'attendent tous ces hommes ?

4. Clovis est bientôt le maître de toute la Gaule. — A partir de ce moment les évêques sont les amis de Clovis ; ils l'aident à devenir roi de la Gaule entière. C'est grâce à eux que les Gallo-Romains acceptent de lui obéir.

Pourtant Clovis doit encore se battre contre plusieurs peuples venus s'installer en Gaule. Il livre la grande bataille de **Vouillé** (C) contre les *Wisigoths* commandés par *Alaric*. La lutte est terrible : Clovis, qui réussit à s'approcher d'Alaric et à le tuer, se voit bientôt entouré de guerriers wisigoths. Il échappe à la mort grâce à sa forte cuirasse, à son cheval bien dressé et à son courage. Les Wisigoths sont battus : Clovis devient roi de toute la Gaule.

CE QU'IL FAUT RETENIR

1re *Année*. — **Clovis devint roi des Francs. Il gagne la bataille de Tolbiac et se fait baptiser à Reims. Il est bientôt le maître de toute la Gaule.**

2e *Année*. — **Les Francs ont envahi le Nord de la Gaule. Leur roi Clovis gagne une bataille sur les Alamans. Puis il se fait baptiser à Reims.**
Grâce à l'appui des évêques et à sa victoire sur les Wisigoths, il devient le maître de toute la Gaule.

Les Francs étaient-ils chrétiens quand ils ont envahi la Gaule ? Clovis connaissait-il l'évêque Rémi avant son baptême ? Clovis était-il un roi barbare ? Pourquoi Clovis s'est-il fait baptiser ? Pourquoi les évêques ont-ils aidé Clovis à devenir roi de toute la Gaule ?

COPIEZ (en complétant). — *I. Les..... ont choisi un chef nommé..... Clovis avait épousé..... — 2. Il a été baptisé à..... Il a gagné une bataille contre les ..... et celle de..... contre les Wisigoths.*

7. - L'empereur Charlemagne

CHARLEMAGNE FAIT LA GUERRE AUX SAXONS. — 1. A quel village ressemble le village des Saxons ? Quel costume vous rappelle celui des Saxons ? — 2. Où est Charlemagne ? A quoi le reconnaissez-vous ? — 3. Regardez un guerrier. Comment est-il habillé ? Est-il équipé comme un guerrier gaulois ou un légionnaire romain ? Quelles différences y a-t-il ? — 4. Que viennent de faire les soldats de Charlemagne ? Que va-t-on faire des habitants du village ? — 5. Pourquoi Charlemagne leur fait-il la guerre ? Pouquoi y a-t-il des moines à ses côtés ? Que viennent-ils faire ? — 6. Réfléchissez : Jésus a-t-il demandé de le faire connaître par la violence et la guerre ? Comment font les missionnaires aujourd'hui ? Pourquoi ne faisait-on pas ainsi à l'époque de Charlemagne ?

Plusieurs siècles * après Clovis, les Francs ont un grand roi, Charlemagne.

1. Charlemagne a conquis un grand empire *. — Chaque année Charlemagne part en guerre. Il veut faire connaître Jésus aux peuples païens. Mais pour cela il fait parfois des guerres terribles. Charlemagne défend d'abord le pape contre *Didier*, le roi des *Lombards* (C). Il réussit à le battre et l'envoie dans un monastère.

Charlemagne a lutté pendant de nombreuses années contre les **Saxons**. Ils vivent cachés dans les grandes forêts de la *Saxe* (C) ; ils sont païens et obéissent à leur chef, *Witikind*. Ils pillent les terres de Charlemagne, ils tuent les prêtres qui viennent dans leurs villages.

Charlemagne doit faire plusieurs guerres pour les vaincre. Ses guerriers sont encore des hommes bien farouches. Ils massacrent sans pitié les Saxons prisonniers ; ils brûlent les villages qui ont voulu se défendre (×).

Mais Witikind finit par se rendre et l'année suivante il se fait baptiser. La Saxe devient une province du grand empire de Charlemagne.

2. La belle légende * de Roland à Roncevaux. — Charlemagne fait encore la guerre en *Espagne* (C), contre les *Arabes* qui étaient venus jusque dans ce pays. Sur le chemin du retour, l'arrière-garde * commandée par **Roland** est surprise par les Basques au col de **Roncevaux** (C). Roland et ses guerriers se défendent vaillamment : mais l'ennemi est beaucoup mieux placé.

3. Charlemagne est couronné empereur à Rome.

Charlemagne est maître d'un empire très grand ; partout des abbés et des moines font connaître Jésus.

Aussi le pape Léon III veut récompenser Charlemagne. C'est le jour de Noël, en l'an 800. Le roi est venu à Rome (C) ; il assiste à la messe de minuit. Pendant qu'il prie, le pape couronne Charlemagne. L'assistance * s'écrie : « A Charles, couronné par Dieu, grand empereur, vie et victoire ! » (✕).

Roland est dans un passage étroit ; tous ses *preux* *, Turpin, Olivier, sont tués par des flèches ou de gros blocs de pierre. Roland veut briser sa chère épée, qu'il appelle *Durandal* ; il ne veut pas qu'elle tombe aux mains de l'ennemi. Mais elle fend le rocher sans se tordre. Alors Roland sonne du cor (✕).

Quelles sont les montagnes que vous voyez derrière Roland ? Où se trouvent les Basques ? Avec quoi ont-ils tué les soldats de Roland ? Pourquoi le rocher qui est à côté de Roland est-il fendu ? Que fait Roland ? Pourquoi ?

Quand Charlemagne entend le cor il revient vite avec son armée ; mais, hélas, il est trop tard : Roland et tous ses guerriers sont morts en recommandant leur âme à Dieu.

Où la scène se passe-t-elle ? Comment s'appelle le personnage agenouillé ? Qui est le personnage debout devant lui ? Que tient-il dans les mains ? Que va-t-il faire ? Que font les guerriers ? A quoi reconnaissez-vous que ce sont des guerriers de Charlemagne ?

CE QU'IL FAUT RETENIR

1re *Année.* — **Charlemagne a conquis un grand Empire. Il a fait la guerre aux Saxons et aux Arabes. Il a été couronné Empereur à Rome.**

2e *Année.* — **Charlemagne a conquis un grand Empire. Il a défendu le pape contre les Lombards. Il a lutté contre Witikind, le chef des Saxons.**

En revenant de la guerre contre les Arabes, Roland a été tué à Roncevaux. Le pape a couronné Charlemagne empereur en l'an 800.

Pourquoi Charlemagne part-il en guerre ? Jésus a-t-il permis de convertir les païens par la guerre ? Pourquoi les Francs ne font-ils pas comme Jésus l'a demandé ? Pourquoi Roland veut-il briser son épée sur le rocher ? Qu'est-ce qu'un Empire ?

COPIEZ (en complétant). — I. ..... a battu Didier le roi des....., pour défendre le..... Witikind, le chef des..... s'est fait..... — 2. ..... et ses preux sont morts a..... Charlemagne a été couronné..... à.....

8. - Charlemagne à Aix-la-Chapelle

CHARLEMAGNE A L'ÉCOLE DE SON PALAIS. — 1. Où est construit ce palais ? Voyez-vous la chapelle du palais ? — 2. Comment Charlemagne est-il vêtu ? Et les seigneurs ? — 3. Reconnaissez-vous les enfants des seigneurs ? Les enfants des domestiques ? Comment ? — 4. Qui leur fait la classe ? Ont-ils des livres ? Comment se présente un parchemin* ? (Regardez dans les mains des enfants). Voyez-vous où le moine range tous les parchemins ? — 5. Que fait l'empereur Charlemagne ? Pourquoi gronde-t-il les enfants des seigneurs ? Ont-ils bien travaillé ? Ont-ils été orgueilleux ? Pourquoi ?

1. Charlemagne vit à Aix-la-Chapelle. — Charlemagne a fait construire son *palais* près du Rhin, à **Aix-la-Chapelle** (C). Il y vit avec des seigneurs, *comtes* et *ducs*, qui forment sa *cour* *.

Charlemagne est grand et fort : c'est un bon cavalier, un nageur étonnant. Il aime beaucoup la chasse. Il est très simple, il ne met ses beaux habits que les jours de fête. Il est sobre * à table : il déteste ceux qui s'enivrent.

Charlemagne est aussi très chrétien. Chaque matin et chaque soir il va à la *chapelle*, qu'il a fait construire dans son palais. Pendant ses repas il se fait lire des passages de l'Evangile ; il ne manque jamais de jeûner *.

2. Charlemagne aime les gens instruits. — Comme il regrette de ne pas avoir appris à écrire ! La nuit, quand il s'éveille, il s'assied sur son lit ; il prend une plume d'oie et s'exerce à écrire.

Pour que les enfants puissent s'instruire plus facilement il fait ouvrir des *écoles* près des églises et des monastères. Dans son palais même il y a une école pour les enfants des seigneurs et des domestiques. Charlemagne y vient souvent féliciter ceux qui travaillent bien et faire honte aux paresseux (×).

L'Empereur a fait ranger beaucoup de livres dans une grande salle du palais, c'est la *bibliothèque*. Les *moines* recopient ces livres de leur belle écriture ronde, souvent accompagnée de magnifiques décorations. Des savants viennent travailler aussi au palais.

3. Charlemagne surveille ses villas. — Charlemagne possède de nombreuses fermes, ou *villas*. Ce sont elles qui nourrissent Charlemagne et sa cour, en envoyant des chariots de vivres à Aix-la-Chapelle.

L'Empereur se rend très souvent dans ses villas où il donne des ordres nombreux et précis. Il veut que la viande séchée ou salée, le fromage, le beurre, la bière, le miel, la farine soient préparés avec une grande propreté. Il donne aussi des conseils aux artisans de la ferme, tailleurs, forgerons, boulangers, qui travaillent pour lui.

4. Les missi dominici surveillent les comtes. — Charlemagne a nommé des comtes pour gouverner dans chaque province. Mais les comtes n'obéissent pas toujours aux ordres de Charlemagne : parfois même ils sont très durs. Charlemagne envoie des *missi dominici* * pour les obliger à lui obéir.

Dans ce village où arrivent les missi dominici le comte est un méchant maître : il prend les poules, les porcs, le blé des paysans ; il fait fouetter ceux qui protestent. Quelle joie quand apparaissent les envoyés de l'Empereur ! (×).

Quels sont les deux personnages à cheval ? Par qui sont-ils envoyés ? Ces paysans sont-ils heureux de leur arrivée ? A quoi le voyez-vous ? Pourquoi sont-ils heureux ? Regardez les maisons du village : est-ce encore des huttes ?

Les missi dominici, en effet, font de sévères reproches au comte ; ils menacent de l'envoyer auprès de Charlemagne. Ils l'obligent à être juste et honnête, il doit rendre ce qu'il a pris. Puis les missi dominici demandent au peuple de rester fidèle à Dieu.

5. Charlemagne est un grand empereur. — La sagesse de Charlemagne est connue jusqu'en Asie (C). Un jour arrivent à son palais des Arabes chargés de cadeaux. Ils viennent de très loin : leur chef, le *calife de Bagdad* (C), a voulu honorer le grand empereur franc. Il lui expédie toutes sortes de choses qui étonnent les seigneurs francs.

Mais les Arabes ne sont pas les seuls à aimer Charlemagne : tout le peuple franc le remercie de la paix qu'il assure dans le pays. Par admiration on l'appelle « *l'Empereur à la barbe fleurie* », bien qu'il n'ait pas de barbe.

CE QU'IL FAUT RETENIR

1re *Année*. — **Charlemagne a fait construire son palais à Aix-la-Chapelle. Pour surveiller les comtes il envoie des missi dominici dans les provinces.**

2e *Année*. — **Dans son palais d'Aix-la-Chapelle Charlemagne a fait ouvrir une école et une bibliothèque. Il y reçoit des savants.**
Les missi dominici obligent les comtes des provinces à respecter les ordres de Charlemagne et à assurer la paix.

Où Charlemagne a-t-il fait construire son palais ? Qu'a-t-il fait pour faciliter les études ? Qu'est-ce qui montre qu'il était chrétien ? Qu'étaient-ce que les missi dominici ? Que faisaient-ils ? Pourquoi le peuple a-t-il gardé un bon souvenir de Charlemagne ?

COPIEZ (en complétant). — *1. Charlemagne vit dans son..... qu'il a fait construire à..... Les..... recopient les livres rangés dans la..... du palais. — 2. Les..... font de sévères reproches au comte injuste. Charlemagne a été surnommé l'..... à la barbe.....*

9. - Les Normands

LES « DRAGONS DE MER » DES NORMANDS. — 1. Qu'est-ce qui fait avancer la barque ? — 2. Comptez les rames : combien y a-t-il de rameurs ? (Pensez aux deux côtés de la barque). — 3. Combien y a-t-il de voiles ? Quelle est sa forme ? Combien y a-t-il de mâts pour la soutenir ? — 4. Quelle est la forme de la barque ? Est-elle large ? Courte ? Quel avantage présente sa forme effilée ? — 5. Que voyez-vous à l'avant ? Pourquoi la barque est-elle appelée « dragon de mer » ? — 6. A quoi peut servir la plateforme arrière ? — 7. Qu'y a-t-il devant chaque rameur ? — 8. A quoi sert la toile qui se trouve sous la voile ?

1. Les Normands sont de hardis marins...

On les appelle Normands, c'est-à-dire « hommes du Nord », parce qu'ils viennent du Nord de l'Europe, Danemark et Norvège (C). Ils vivent surtout de pillage *. Ils vont sur la mer, montant de grandes barques appelées les *dragons de mer* *.

Regardons une de ces barques sur l'image (×). Elle peut, grâce à un fond plat, naviguer sur les rivières aussi bien que sur la mer. C'est pourquoi les Normands ont pu attaquer Rouen, Paris, Tours, Orléans, Bordeaux, Toulouse, Valence (C).

Tous les guerriers d'une barque obéissent à un chef, appelé le *Viking*, ce qui signifie « roi de la mer ». Ils n'ont jamais peur. Ils bravent la tempête ; ils chantent en chœur : « L'ouragan est notre serviteur : il nous pousse où nous voulons aller ». Mais jamais ils ne se battent sur mer.

2. Les Normands viennent piller la France.

Lorsqu'ils aperçoivent les côtes de France ils s'approchent, profitent de la marée pour remonter la Seine (C). Ils cherchent un pays riche, une ville, un monastère. Puis ils descendent à terre.

Mais l'alarme * a été donnée. Les habitants du village vont se réfugier au monastère voisin.

Les Normands ramassent tout ce qu'ils peuvent emporter, brûlent récoltes et masures *. Souvent même ils réussissent à pénétrer dans les monastères en enfonçant les portes avec des béliers *.

Parfois ils utilisent des ruses : ils font croire à l'abbé que leur chef est mort et qu'ils veulent l'enterrer chrétiennement. Mais quand ils sont entrés dans le monastère le chef sort du cercueil ; ils tuent les moines et pillent.

Regardez-les attaquer ce monastère (×).

Où se trouve le monastère ? Avec quoi les Normands ont-ils enfoncé la porte ? Comment ont-ils fait ? Que volent-ils dans le monastère ? Qu'est-ce qu'emportent les Normands, au loin ? Où ont-ils pris ce butin ? Où sont les habitants du village ? Vont-ils retrouver leurs maisons ? — Comment le guerrier normand est-il équipé ? Quelles sont ses armes ?

3. Les Normands assiègent Paris défendu par le comte Eudes. — Les Normands viennent attaquer Paris *, avec sept cents dragons de mer. Mais la ville de Paris est installée dans l'île de la Cité ; elle est solidement défendue par des tours en bois. Un jour, une tour est ébranlée : les Parisiens accourent, conduits par le comte Eudes et l'évêque Goslin ; l'ennemi est repoussé et,

en une nuit, la tour est réparée. Bientôt les Normands se retirent.

Comment s'appelle le fleuve derrière les tours ? Qui se trouve sur les tours en bois ? Que font les Normands au pied de la tour ? Qu'est-ce que les Parisiens jettent sur eux ? Que poussent les Normands, à droite ? Pourquoi ? Pourquoi cette tour a-t-elle des roues ?

4. Les Normands s'installent en Normandie. — Peu à peu les Normands s'apaisent ; au lieu de se livrer au pillage comme par le passé, ils viennent avec leurs familles pour s'installer * sur la côte, près de la Seine. Si bien que le roi Charles le Simple, pour faire la paix avec eux, signe un traité avec leur chef Rollon : celui-ci se marie avec la fille du roi et obtient, pour les Normands, le duché * de Normandie.

CE QU'IL FAUT RETENIR

1re *Année.* — **Les Normands étaient de hardis marins. Ils vivaient de pillage. Ils ont assiégé Paris puis ils se sont installés en Normandie.**

2e *Année.* — **Les Normands étaient de hardis marins venus du Nord de l'Europe. Ils pillaient tous les pays au bord des fleuves. Ils assiégèrent Paris qui fut défendu par le comte Eudes. Puis ils s'installèrent pour toujours en Normandie.**

Que veut dire Normands ? Comment s'appelait leur chef ? Leurs barques ? Quels lieux vont-ils piller ? Où la ville de Paris était-elle installée ? Par qui était-elle défendue ? Quel roi a donné la Normandie aux Normands ?

COPIEZ (en complétant). — *1. Les... venaient du Nord... Ils montaient des barques appelées... Ils étaient commandés par un... — 2. Paris fut défendu par le Comte... et l'Evêque... Le chef normand obtint le duché de...*

10. - Au Château Fort

LE CHATEAU FORT DU SEIGNEUR RENAUD. — 1. Où ce château est-il construit ? Pourquoi ? Par quoi est-il entouré ? Pourquoi ? A quoi voyez-vous que les murs sont très épais ? (Regardez au sommet ?) — **2.** Quels personnages se trouvent sur le chemin de ronde ? Comment y sont-ils montés ? Les ouvertures faites dans le mur sont-elles larges ? Pourquoi ? — **3.** Entre-t-on facilement dans le château ? Comment le pont-levis est-il fait ? Pourquoi est-il baissé ? — **4.** Quelles sont les deux constructions qui se trouvent au milieu de la cour du château ? A quoi servent-elles ? — **5.** Décrivez le donjon : quelle est sa forme ? Pourquoi y a-t-il un fossé ? Que voyez-vous au sommet ? Quels personnages se trouvent là ? Que font-ils ? — **6.** A quoi peuvent servir les bâtiments qui se trouvent au fond de la petite cour ? Dites ce que font quelques-uns des personnages que vous voyez dans la cour ? Où se trouve le village ?

Le seigneur Renaud a fait construire ce *château* pour se protéger contre les Normands et contre le seigneur Gontrand.

1. Le château du seigneur Renaud est une forteresse. — Une troupe de *jongleurs* et de chanteurs se présente à l'entrée : on lui baisse le *pont-levis* et on lève la *herse de fer*. Entrons avec tout le monde. Nous arrivons dans une grande cour où se trouvent la *chapelle*, les logements des soldats et des serviteurs, les cuisines, les ateliers, les magasins où l'on entasse les vivres, les écuries.

Au centre le *donjon* s'élève à quarante mètres de hauteur ; c'est l'habitation du seigneur Renaud. Des souterrains permettent au seigneur de s'enfuir sans être vu, si le château est pris. En haut veille le *guetteur* qui signale tout ce qu'il voit venir au loin.

Sur les *remparts* nous voyons le chemin de ronde où, par les *créneaux*, les sentinelles veillent aussi (×).

2. Le seigneur Gontrand attaque le château de Renaud. — Ce matin le guetteur du donjon a donné l'alarme avec sa trompette. Il a vu, au loin, une troupe nombreuse d'hommes en armes se diriger vers le château. Vite les soldats sont montés sur les remparts ; les paysans du village sont venus avec leurs bêtes se mettre à l'abri dans le château ; puis la garde a levé le pont-levis. C'est le seigneur Gontrand qui vient attaquer le château.

Le seigneur Gontrand ne rêve que de pillage. Hier soir il a envoyé un *héraut* * ; celui-ci a jeté son gantelet aux pieds du seigneur Renaud, puis il est parti. Cela voulait dire : « Gontrand te déclare la guerre ».

L'ennemi est maintenant près du fossé ; les assiégés lancent des flèches. Gontrand essaie d'abord d'enfoncer la porte ; avec de lourdes machines il lance contre elle des boulets de pierre. Mais la porte est solide ; elle ne cède pas. Alors Gontrand fait apporter de la terre, des branches, des fagots qui sont jetés dans le fossé pour le combler *. Puis avec des échelles les hommes de Gontrand essaient d'atteindre le haut de la muraille. Mais Renaud fait jeter de grosses pierres sur les assiégeants * ; puis, par les *mâchicoulis* *, il fait verser de l'huile bouillante. Gontrand voit ses hommes tomber en grand nombre. Et les soldats de Renaud réussissent, avec de longues poutres, à renverser les échelles. Aussi Gontrand comprend qu'il ne pourra pas prendre le château. Il donne l'ordre de la retraite. Mais quand, le lendemain, les paysans retournent au village, ils trouvent leurs maisons pillées et leurs récoltes détruites.

3. Le seigneur Renaud écoute les troubadours. — La vie dans le château fort serait bien triste sans les plaisirs que se donne le seigneur. Il s'ennuierait dans les grandes salles, froides et sombres. Aussi le seigneur Renaud s'exerce à des jeux dans la cour du château, ou bien il va *à la chasse*.

Aujourd'hui, comme il a tué un beau sanglier, il donne *un grand festin*. Les jongleurs qui viennent d'arriver sont bien accueillis.

Après le repas le seigneur et sa dame Ermelinde passent une agréable soirée. Regardons.

Pour l'instant on écoute le *troubadour* (appelé *trouvère* dans le Nord). Il raconte de belles histoires, comme la chanson de Roland ; il s'accompagne sur une vielle. Et chacun des guerriers rêve de faire des exploits comme les preux de Charlemagne (×).

Dans quelle salle se passe la scène ? Où se trouvent le seigneur et sa dame ? Qui écoutent-ils ? Que fait le troubadour ? Que fera le jongleur quand son compagnon aura fini ? Avec son ours ? Avec ce qu'il porte sur le dos ? Où s'en iront ensuite le troubadour et le jongleur ?

Le seigneur Renaud et sa dame aiment aussi faire parler l'abbé, qui est allé en pèlerinage jusqu'à Jérusalem (C). Tous les gens du château l'écoutent raconter son long et difficile voyage.

CE QU'IL FAUT RETENIR

1re *Année.* — **Le seigneur a construit un château fort pour se défendre contre les Normands. Il écoute des troubadours, va à la chasse ou à la guerre.**

2e *Année.* — **Le château fort est défendu par des murs épais et un fossé. Le seigneur habite le donjon ; le soir, il écoute les chansons des troubadours.**
Dans la journée il va à la chasse ou bien il s'entraîne dans la cour du château.

Pourquoi est-il difficile de prendre un château-fort ? Pourquoi les salles du château sont-elles froides et sombres ? Quelles sont les distractions du seigneur ? Qu'est-ce qu'un jongleur, un troubadour ? Quelle belle histoire raconte-t-il ? Que fait Gontrand pour atteindre les murailles ? Comment les soldats de Renaud se défendent-ils ?

COPIEZ (en complétant). — I. Le..... est entouré d'un..... plein d'eau ; on le franchit sur le pont..... . — 2. Le seigneur habite dans le..... Les soldats de Renaud versent de..... par les.....

11. - Thierry est fait chevalier

R.Bresson

LE SEIGNEUR ARNOUL A LA CHASSE. — **1.** Où le Seigneur Arnoul chasse-t-il ? Comment le chevreuil a-t-il été tué ? — **2.** Le seigneur Arnoul chasse-t-il seulement pour son plaisir ? Cherchez pourquoi il lui était nécessaire de chasser ? — **3.** Quelles dames viennent de rejoindre les chasseurs ? — **4.** Qui les accompagne ? A quoi voyez-vous que Thierry est le page de dame Béatrice ? — **5.** Quel oiseau l'autre page porte-t-il ? Comment le porte-t-il ? A quoi sert cet oiseau ? — **6.** Dites comment sont habillés les seigneurs ; puis les dames. Quelles différences y a-t-il entre la tunique des seigneurs (le bliaud) et la robe des dames (le surcot) ? Comment est faite la coiffure des dames (le touret) ?

Thierry, le fils de Renaud, va être fait *chevalier* : voulez-vous connaître son histoire ?

1. Thierry a une jeunesse très rude. — Dès son enfance Thierry a appris à être un guerrier vigoureux. Dans la cour du château il s'est amusé à la guerre. Pendant plusieurs heures il a attaqué un petit mur défendu par des camarades de son âge ; ou bien il a joué aux quilles, aux barres, au palet.

Avec les soldats de son père il a bientôt appris à tirer à l'arc et à monter à cheval. Très vite il a su se tenir sur l'animal. Puis il s'est exercé au jeu de force comme celui de la *quintaine* : on attachait un mannequin à un poteau et Thierry, sur son cheval et lance au poing, essayait de transpercer cet ennemi imaginaire.

Thierry suivait déjà son père à la chasse, à la poursuite du sanglier ou du chevreuil.

Plusieurs fois il a soufflé dans la trompette pour annoncer à dame Ermelinde, sa mère, le retour des chasseurs.

2. Thierry devient ensuite écuyer. — A onze ans il est parti chez le seigneur Arnoul, un ami de Renaud. Thierry a d'abord servi comme *page* * ; puis il est devenu *écuyer* * ; il doit accompagner partout Arnoul et sa dame, Béatrice ; il porte l'*écu* * ou la lance du châtelain.

Il va souvent à la chasse et fait de longues courses à travers la forêt (×). Il a même suivi Arnoul à la guerre. Aussi il est devenu un jeune homme résistant aux fatigues, bien entraîné aux exercices de force et au maniement de la lance.

Un jour il a été autorisé à prendre part à un *tournoi* *. Quel combat ! Il a lutté contre trois autres seigneurs ; grâce à son adresse il a réussi à les désarçonner * et il a mérité le baiser de la reine du tournoi.

3. Thierry est fait chevalier. — Thierry a maintenant vingt ans : sa vaillance le rend digne d'être fait chevalier. Après s'être confessé Thierry passe la nuit en prières dans la chapelle du château. Son armure et son épée sont au pied de l'autel. Il demande à Dieu de rester toujours courageux et charitable (×).

Où Thierry se trouve-t-il ? Comment est-il vêtu ? Que fait-il ? Quelles sont les armes qu'il a placées devant lui ? Suffisait-il d'être vaillant pour être fait chevalier ? Que fallait-il encore ?

Au matin, toujours vêtu d'une tunique de lin blanc en signe de pureté, il écoute la messe.

Puis le seigneur Arnoul, son parrain d'armes *, s'approche et le frappe de l'épée en disant : « Je te fais chevalier au nom du Père, du Fils et du Saint-Esprit ».

Thierry jure de secourir et de protéger les enfants, les femmes et les vieillards. Arnoul lui donne l'accolade * et lui remet son épée (×).

Que représente l'image ci-contre ? Thierry a revêtu le costume du chevalier : reconnaissez la cotte de mailles (ou haubert) et la cotte d'étoffe. Quelles parties de son équipement Thierry doit-il recevoir encore ? Qui les porte ?

Deux chevaliers couvrent Thierry de son armure et lui chaussent les éperons * dorés que seuls les chevaliers ont le droit de porter.

CE QU'IL FAUT RETENIR

1re *Année*. — **Après une enfance très rude, le jeune seigneur devient page, puis écuyer d'un châtelain. A vingt ans il est fait chevalier.**

2e *Année*. — **Le jeune seigneur apprend à être courageux et fort ; il est page, puis écuyer ; il s'entraîne aux jeux violents, comme le tournoi.**

A vingt ans il est fait chevalier : il porte une armure et une épée. Il promet de protéger les enfants, les femmes et les vieillards.

Quels sont les jeux de Thierry ? Qu'est-ce que la quintaine ? Un tournoi ? Que doit faire Thierry quand il est page ? Quand il est écuyer ? Le chevalier doit-il être un vrai chrétien ? Comment cela ? Quelles sont les paroles prononcées par son parrain ?

COPIEZ (en complétant). — *1. Thierry a appris à tirer à..... et à monter à..... Quand il devient..... il porte l'écu du seigneur. — 2. Le c..... doit être vaillant et..... Son parrain lui donne l'a.....*

12. - Jacques Bonhomme, le paysan

R. Bresson

LE VILLAGE DE JACQUES BONHOMME. — **1.** Que voyez-vous au loin ? Où est construit ce château ? Pourquoi le village se trouve-t-il près du château du seigneur Renaud ? N'y a-t-il pas des inconvénients à être près du château en temps de guerre ? — **2.** Le village s'appelle Saint-Martin : pouvez-vous comprendre pourquoi ? — **3.** Comment les maisons sont-elles construites ? Les murs ? Le toit ? Les fenêtres ? Quelles sont les deux parties de l'église ? — **4.** Quels animaux le paysan élève-t-il ? Qu'est-ce que fournit chacun d'eux à Jacques Bonhomme pour sa nourriture et ses vêtements ? — **5.** Que font les deux paysans devant la maison de droite ? — **6.** Cherchez l'instrument avec lequel le paysan laboure son champ ? Ressemble-t-il à celui des Gaulois ? Comment Jacques Bonhomme et son voisin battent-ils le blé et le seigle ? A quoi servent les rondins de bois empilés près des maisons ? — **7.** Comment les villageois sont-ils habillés ?

Dans le village, près du château, vivent des paysans, qu'on appelle *vilains* ou *serfs*.

1. Jacques Bonhomme est le serf du seigneur. — Jacques Bonhomme est un *serf*, c'est-à-dire qu'il appartient à son seigneur. Il ne peut pas quitter son village, ni se marier sans le consentement* de son maître.

S'il veut moudre son blé, il doit aller au moulin du château ; pour cuire son pain, il est obligé d'utiliser le four du château ; et chaque fois le seigneur se fait payer. Cet été, quand Jacques Bonhomme a récolté son blé, il a dû donner plusieurs gerbes au seigneur.

Jacques Bonhomme doit encore aller travailler gratuitement pour le seigneur : c'est la *corvée*. Son grand-père a aidé à construire le château fort. Lui, il doit labourer demain un champ du seigneur ; puis il faudra couper du bois et le porter au château. C'est encore lui qui répare les murailles, qui nettoie les fossés et entretient les chemins.

2. Jacques Bonhomme a une vie très dure. — Hier il est allé labourer son champ : la vache a tiré la charrue. Dans ce champ il va cultiver du blé, du seigle, des raves, des choux, des oignons, des pois, qu'il utilise pour se nourrir.

Aujourd'hui il bat son blé devant sa *chaumière*. Sa femme file la laine des moutons. Son fils ramène les bêtes ; il a conduit la vache, les trois moutons et les deux chèvres dans les *communaux*, c'est-à-dire dans les pâturages que le seigneur laisse à la disposition* de tous les habitants du village (×).

— 28 —

Maintenant la journée est terminée : le repas du soir a lieu avant la nuit pour qu'on puisse voir clair dans la chaumière (×).

Avec quoi la chaumière est-elle construite ? Le plancher est-il carrelé ? Quels meubles reconnaissez-vous ? Énumérez tous les ustensiles de ménage que vous voyez ; puis les outils. Regardez l'image et dites de quoi peut se nourrir le paysan.

Mais tous les paysans du village n'ont pas autant de bêtes : beaucoup doivent retourner la terre avec une bêche. Ils sont plus malheureux que Jacques Bonhomme.

3. Jacques Bonhomme s'est déjà révolté contre son seigneur. — Le seigneur Renaud est bon et ne brutalise pas les paysans : mais son père Gauthier était très dur. Jacques Bonhomme se souvient de ses misères : plusieurs fois Gauthier lui a saccagé ses récoltes en passant à travers son champ au cours d'une chasse. Gauthier lui demandait encore beaucoup de gerbes, beaucoup d'argent.

Jacques Bonhomme a dû aussi reconstruire sa chaumière, détruite par Gontrand qui était déjà venu attaquer le château.

Il avait trouvé sa récolte brûlée ; Gontrand lui avait pris son blé, son lard, ses légumes ; il avait faim, il entendait pleurer ses enfants. Alors il s'était révolté * avec tous les autres paysans.

Ils avaient tous pris leurs faucilles : c'était une *jacquerie*. Mais Gauthier les avait battus avec ses soldats : il les avait terriblement punis.

Puis Gauthier est mort. Renaud, son fils, est devenu le seigneur. Jacques Bonhomme est plus heureux parce que Renaud est bon. Il travaille avec cœur parce qu'il est bien protégé par son seigneur.

CE QU'IL FAUT RETENIR

1re Année. — **Le serf appartient au seigneur. Il a une vie très rude. Parfois même il se révolte contre son seigneur : c'est la jacquerie.**

2e Année. — **Le serf appartient au seigneur. Il doit utiliser le moulin et le four du château. Il doit aussi aller à la corvée pour le seigneur.**
Sa vie est souvent très dure. Il habite une pauvre chaumière. Quand sa misère est trop grande il se révolte contre le seigneur : c'est la jacquerie.

Pourquoi Jacques Bonhomme a-t-il beaucoup de travail ? Où se trouvent le moulin, le four, le pressoir ? Quel travail le paysan fait-il quand il va à la corvée ? De quoi se nourrissait le paysan ? (Pensez aux plantes, aux animaux.) Quelles étaient les grandes misères de Jacques Bonhomme ?

COPIEZ (en complétant). — *1. Le paysan habite une..... près du..... Il est le..... du seigneur, pour qui il travaille gratuitement : c'est la..... . — 2. Il mène ses bêtes dans les..... Quand il est trop malheureux il se.....: c'est la.....*

13. - Au monastère de Cluny

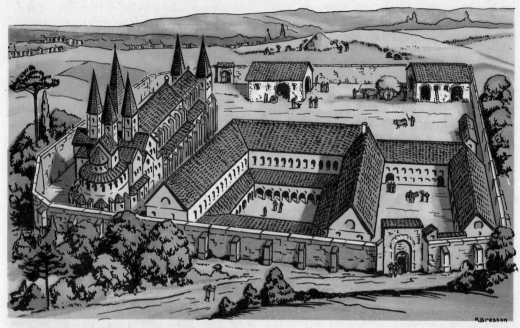

LE MONASTÈRE DE CLUNY (C). — **1.** Qu'est-ce qu'un monastère ? — **2.** Quelle est la construction la plus importante d'un monastère ? Pourquoi ? — **3.** Regardez la petite cour, au milieu : qu'y a-t-il tout autour ? C'est le cloître. A quoi correspondent les nombreuses fenêtres, au-dessus du cloître ? — **4.** Quels sont les bâtiments qui se trouvent à droite ? — **5.** Quels sont les personnages qui attendent à la porte et ceux qui sont dans la cour de droite ? — **6.** Quels sont les bâtiments qui se trouvent au fond du monastère ? — **7.** Que font les moines auprès de ces bâtiments ? — **8.** Un monastère ressemble-t-il à un château fort ? Le monastère est-il seulement un lieu de prière ?

1. Le monastère est un véritable village. — Le monastère a été construit dans un endroit écarté *, en pleine forêt, près d'une source. Le *pèlerin* * tire une chaîne : une cloche sonne, un bon moine ouvre la porte.

Le pèlerin est conduit à l'*hôtellerie* : il y prend son repas avec d'autres voyageurs. Tout le monde passera la nuit ici en sécurité *.

L'hôtellerie se trouve dans une grande cour entourée d'un mur ; on y voit encore une écurie pour les chevaux des cavaliers. Tout au fond il y a un *hospice* * et une *école*. Puis nous passons dans une autre *enceinte* * où les étrangers n'ont pas le droit d'entrer ; ce sont les bâtiments habités par les moines. Voici l'*église* aux murs épais ; devant, se trouve le *dortoir* avec des *cellules* pour chaque moine.

De longs couloirs conduisent à l'église, car les moines, plusieurs fois dans la journée et dans la nuit, vont prier ensemble.

Près du dortoir se trouve le grand *réfectoire* où les moines mangent pendant que l'un d'eux lit à haute voix quelques pages de l'Evangile. Plus loin vous pouvez voir des ateliers, des granges, un moulin, des écuries (×).

2. Les moines prient et travaillent.. — Les moines se lèvent très tôt : vers deux heures du matin. Ils vont à l'église prier et chanter les psaumes * tous ensemble. Au cours de la journée ils reviendront plusieurs fois ; dans la matinée, par exemple, pour assister à la messe.

Entre les heures des prières, les moines ont de nombreuses occupations.

Regardez les uns travailler dans la cour ; ce sont de véritables artisans * qui fabriquent eux-mêmes les outils et les habits dont les autres ont besoin. Au loin, dans les champs, des moines aussi font la récolte du blé : ce sont eux qui assurent la nourriture à tous ceux qui vivent au monastère.

Dans la *bibliothèque* il y a encore d'autres moines ; les uns étudient dans de beaux et gros livres ; des copistes recopient des *manuscrits* * sur du *parchemin* *, avec beaucoup de soin (×).

Où se trouvent les moines sur la gravure ? Que font-ils ? Sur quoi le moine écrit-il ? Pourquoi fallait-il un pupitre pour lire les livres ? Pourquoi étaient-ils si gros ? Que voyez-vous au-dessus du rayon de livres ? Décrivez les gros livres qui se trouvent à terre.

3. Le monastère est un asile* accueillant. — Nous avons vu les *pèlerins* qui viennent au monastère pour trouver un lieu sûr. Ils ont pris un repas puis, pendant la veillée ils ont écouté la belle histoire d'un saint.

Chaque jour des mendiants se présentent aussi à la porte : ils sont reçus à l'hospice où les moines leur donnent à manger et des aumônes*. Pendant les disettes* les moines font tout leur possible pour nourrir les pauvres gens affamés qui viennent au monastère. Les malades sont soignés dans un petit *hôpital*.

A l'*école*, un moine apprend le latin aux enfants des paysans ou des seigneurs.

Quand les paysans des villages voisins sont menacés par des bandes de brigands ou par de mauvais seigneurs, ils viennent se réfugier au monastère : personne n'ose plus les poursuivre là car ils sont sous la protection de Dieu.

R.Bresson

CE QU'IL FAUT RETENIR

1re *Année*. — **Le monastère est construit dans un endroit écarté. Les moines prient et travaillent. Ils soignent les malades, secourent les pauvres et instruisent les enfants.**

2e *Année*. — **Le monastère est construit dans un endroit écarté. Les moines prient jour et nuit. Ils travaillent dans les champs et dans les ateliers ; ils copient aussi des manuscrits.**

Le monastère est un asile accueillant pour les pèlerins, les mendiants et les paysans en danger. Les moines soignent les malades et instruisent les enfants.

Pourquoi les moines choisissent-ils un endroit écarté pour construire leur monastère ? Quelles salles trouve-t-on dans un monastère ? Qu'y fait-on ? Que font les moines dans la journée ? A quoi servent les récoltes faites par les moines dans leurs champs ? Pourquoi les pèlerins et les paysans menacés viennent-ils se réfugier au monastère ?

COPIEZ (en complétant). — *1. Le pèlerin est reçu à l'h..... ; les pauvres sont nourris à l'h..... ; les malades sont soignés à l'h..... . — 2. Les..... prient et..... Ils copient des m.....*

14. - La foi vivante

DES PÈLERINS ARRIVENT AU MONASTÈRE. — **1.** Reconnaissez-vous l'entrée du monastère ? Quel est le mur que vous voyez ? — **2.** Où pensez-vous que vont les moines ? Quels outils portent-ils ? — **3.** Quels sont les personnages qui se dirigent vers le monastère ? Que vont y demander les deux mendiants ? Les trois pèlerins ? — **4.** Comment les trois pèlerins sont-ils habillés ? Que remarquez-vous sur leurs musettes ? Au bout de leur bâton ? — **5.** Quels sont les deux personnages qui les suivent ? A quoi reconnaissez-vous que ce sont des troubadours ? Où pensez-vous qu'ils se rendent ?

Au moyen âge *, le peuple croit en Dieu avec ferveur, l'Eglise * fait tout pour diminuer les misères des pauvres gens.

1. Les pèlerins sont nombreux sur les routes. — Beaucoup de chrétiens vont aux *pèlerinages*, c'est-à-dire aux lieux où ont vécu des saints, vers les églises où sont conservées leurs reliques *. Ils vont vers **Saint-Martin de Tours**, ou bien vers **Saint-Jacques de Compostelle**, en Espagne, ou vers **Rome** et jusqu'à **Jérusalem** (*C*).

Le voyage dure de longues semaines (×). Mais quelle est leur joie quand ils arrivent ! Ils se jettent à genoux. Ils prient des jours entiers pour obtenir les grâces du saint qu'ils vénèrent *.

2. L'Eglise reçoit beaucoup de dons. — Beaucoup de gens riches, pour faire un sacrifice, pour expier * un péché font des dons * à l'Eglise : les monastères reçoivent,

par exemple, une vigne ou un pré, ou un moulin, ou un four ; à l'église du village ou de la ville on donne de l'argent, ou on offre de beaux vases sacrés *, des luminaires *. Souvent aussi les curés ou les moines reçoivent de quoi se nourrir : du blé, du pain, une poule, des œufs.

L'Eglise devient très riche ; mais elle emploie ses richesses pour adoucir les misères : c'est elle qui soigne les malades dans ses hôpitaux. Dans les *léproseries* elle accueille les malheureux atteints de la lèpre ; c'est une terrible maladie ; les lépreux doivent avertir de leur approche en agitant leur crécelle * ; tout le monde les fuit ; seuls les moines essayent d'apaiser leurs souffrances.

3. L'Eglise adoucit les mœurs guerrières. — Nous savons que les seigneurs se font souvent la guerre : les paysans sont alors très malheureux. Aussi l'Eglise a voulu empêcher les guerres. Elle défend aux seigneurs de se battre, à partir du mercredi soir jusqu'au lever du soleil lundi matin : c'est la *trêve de Dieu*. Elle défend de s'attaquer aux femmes, aux enfants, aux églises, aux prêtres, aux paysans : c'est la *paix de Dieu*.

Si un seigneur, comme Gontrand, refuse d'obéir, l'Eglise l'*excommunie* : le seigneur est maudit *, tout le monde l'abandonne, on ferme les portes quand il passe, il ne peut plus aller à la messe. L'Eglise peut aussi jeter l'*interdit* sur le territoire du seigneur : on ne célèbre plus la messe dans les églises, on ne sonne plus les cloches, on ne baptise plus les enfants. Aussi ces châtiments * terribles font souvent réfléchir les seigneurs qui préfèrent obéir à l'Eglise.

4. Les corporations fêtent leurs saints patrons. — Tous les artisans d'un même métier se réunissent pour former une *corporation* ; il y a la corporation des drapiers, celles des bouchers, des charpentiers, des tisserands.

Tous les ans, chaque corporation célèbre son *saint patron* * : Saint Eloi pour les orfèvres et les maréchaux ; Saint Crépin pour les cordonniers ; Saint Pierre pour les boulangers ; Saint Fiacre pour les jardiniers.

Le jour de la fête patronale * les artisans vont à l'église où a lieu un office grandiose ; puis la procession passe par les rues de la ville.

Regardez la procession des menuisiers : elle avance dans la rue où habitent tous les menuisiers de la ville (×).

A quoi reconnaissez-vous qu'il s'agit de la fête patronale des menuisiers ? C'est aussi celle des charrons : regardez leurs armoiries sur la bannière verte. La rue est-elle de terre battue ? Où l'eau coule-t-elle ? Dites ce que vous voyez des maisons.*

1re *Année.* — **Les chrétiens allaient en pèlerinages. Les pauvres gens étaient secourus par les moines. L'Eglise empêchait les guerres entre les seigneurs.**

2e *Année.* — **Au moyen âge les pèlerins étaient nombreux. Les dons reçus par l'Eglise servaient à secourir les malheureux et les malades.**
L'Eglise essaya d'empêcher les guerres par la trêve de Dieu et la paix de Dieu. Elle punissait les mauvais seigneurs par l'excommunication et l'interdit. Les corporations avaient leurs fêtes patronales.

Pourquoi allait-on en pèlerinage ? Pourquoi faisait-on des dons à l'Eglise ? Qu'est-ce qu'une léproserie ? Que défend la trêve de Dieu ? La paix de Dieu ? Pouvait-on recevoir chez soi un seigneur excommunié ? Qu'est-ce que défendait l'interdit ? Qu'est-ce qu'une corporation ? Une fête patronale ?

COPIEZ (en complétant). — *1. Les..... allaient à Saint Jacques de..... Les..... soignaient les lépreux dans les..... . — 2. La trêve de..... défendait de se battre du..... au..... La..... célèbre sa fête.....*

15. - Nous sommes au moyen âge

1. Que représentent ces images ?

2. Répondez aux questions.

1. Pourquoi notre pays s'appelle-t-il la *France* ? Pourquoi une région de France s'appelle-t-elle la *Normandie* ? — 2. Quelles étaient les distractions du Gallo-Romain Julius ? du seigneur Renaud ? — 3. Comment les gens voyageaient-ils au moyen âge ? — 4. Comment étaient construites les fortifications romaines autour d'Alésia ? Comment attaquait-on un château fort ? — 5. Quels sont les premiers grands saints de la France ? — 6. Comment les personnages suivants sont-ils morts : *Vercingétorix, sainte Blandine, Roland* ? — 7. Classez les noms des peuples suivants dans l'ordre où ils sont venus dans notre pays : *Huns, Gaulois, Francs, Normands, Romains.*

3. Qu'est-ce que ?

1. — Un druide ? Un pèlerin ? Un trouvère ? Les missi dominici ?

2. — Un légionnaire romain ? Un gladiateur ? Un chevalier ?

3. — Un forum ? Des arènes ? Des Thermes ? Une villa ? Des catacombes ? Une léproserie ? Un donjon ?

4. Comment s'appelait...

— le général romain qui a conquis la Gaule ?

— le chef des Gaulois ?

— le premier roi des Francs ?

— le modèle des preux ?

— celle qui devint la patronne de Paris ?

DEVOIR

COPIEZ (en complétant). — *1. Le général romain ..... a conquis la Gaule. — ..... été le chef des Gaulois. — ..... fut le premier roi des Francs. — ..... a été appelé l'empereur à la barbe fleurie ...... — ..... est devenu le modèle des ......*

2. Sainte ..... mourut martyrisée à Lyon. — Saint ..... partagea son manteau. — Sainte ..... est devenue la ..... de Paris. — Les pèlerins allaient à Saint-Martin-de ..... ou à Saint-Jacques-de ....., ou à R....., et à J......

6. Qu'ont-ils fait de grand ?

Vercingétorix

Clovis

Sainte Geneviève

Charlemagne

7. Cherchez dans les leçons que vous avez étudiées.

1. — Donnez un titre aux images de la page de droite de chaque leçon.

2. — Quelles sont les images qui représentent les habitations des hommes ?

3. — Comment les maisons du peuple étaient-elles construites à l'époque des Gaulois ? des Gallo-Romains ? du seigneur Renaud ?

4. — Comment s'appelaient les grandes habitations ? Qu'était-ce qu'une villa gallo-romaine ? un château fort ? un monastère ? Quelles étaient les différentes parties de ces constructions ?

5. — Quelle différence y a-t-il entre une tour romaine (page 9) et la tour des Normands (page 23) ? Décrivez le char romain (page 10) le chariot gaulois (page 15) et le chariot franc (page 16).

6. — Quels étaient le costume et les armes d'un guerrier gaulois ? d'un guerrier romain ? d'un guerrier franc ? d'un guerrier de Charlemagne ? d'un Normand ? d'un chevalier ?

7. — Quelles images vous rappellent que l'on aimait Dieu au moyen âge ? Dites ce que les chrétiens faisaient pour montrer leur foi ?

8. Comment s'habillaient...

Une maman à l'époque de Charlemagne ? Elle est habillée d'une grande robe aux larges manches ; la robe est ornée de galons et serrée par une riche ceinture. Les manches d'une tunique plissée arrivent jusqu'au poignet. Un grand manteau la recouvre appuyé sur la chevelure.

Un papa à l'époque des seigneurs ? Il a jeté sur lui une grande *chape* agrafée sur l'épaule droite. Les manches de sa chemise de lin apparaissent dans les grandes manches de sa tunique ou *bliaud* ; cette tunique est serrée par une ceinture. Les chaussures sont en pointe.

RETENEZ CES DATES

52 avant N-S. J-C : Vercingétorix est vaincu par Jules César à Alésia.

496 : Clovis est baptisé à Reims par Saint Rémi.

800 : Charlemagne est couronné empereur à Rome.

16. - La Croisade

LE PAPE PRÊCHE LA CROISADE A CLERMONT (C). — 1. Où se trouve le pape Urbain II ? Décrivez son costume ? — 2. Que fait Pierre l'Ermite, monté sur son petit âne ? — 3. Quels personnages écoutent le pape ? A quoi reconnaissez-vous les seigneurs ? Quel est le jeune cavalier qui se trouve à côté de lui ? Quelles sont les autres personnes ?

L'amour que les hommes avaient pour Jésus les a conduits à combattre les peuples qui n'étaient pas chrétiens. Pourtant, jamais Jésus n'a demandé de faire la guerre pour lui. Mais, à l'époque des seigneurs, les hommes sont rudes ; ils aiment la bataille ; ils ne comprennent pas toujours la douceur et la charité que Jésus a prêchées ; aussi ils croient venger Jésus et lui plaire en faisant la guerre à ses ennemis.

Cependant n'oublions jamais que la plupart des croisés sont de vrais chrétiens et qu'ils ont accepté de très grands sacrifices.

1. Le Pape Urbain II et Pierre l'Ermite prêchent la croisade. — Devant une foule nombreuse le moine **Pierre l'Ermite** raconte son pèlerinage à **Jérusalem.**

— « Les *Turcs* ont conquis la **Terre Sainte** * (C). Ce sont des *musulmans*. Ils ne croient pas en Jésus-Christ et ils accueillent très mal les pèlerins. Notre caravane * a été attaquée et pillée.

Quand nous sommes enfin arrivés à Jérusalem, chacun de nous a dû payer pour pénétrer dans la ville ; j'ai dû encore payer pour aller au **Saint-Sépulcre** * ».

Alors le pape Urbain II s'écrie :

— « Mes frères, les pèlerins souffrent beaucoup de misères à cause des Turcs. Ils ne peuvent plus aller à Jérusalem librement et sans crainte. Il faut délivrer le tombeau de Jésus. Dieu le veut ! » (×).

Et tous les paysans, les seigneurs répètent « Dieu le veut ! Dieu le veut ! » Chacun fait une grande croix avec de l'étoffe rouge pour montrer qu'il veut être soldat du Christ. Beaucoup de gens décident d'aller délivrer Jérusalem.

Parce qu'ils portent une croix on les appelle les *croisés* ; les guerres qu'ils font contre les Turcs s'appellent les *croisades*.

2. La croisade des pauvres gens n'atteint pas Jérusalem. — Sans plus attendre des paysans vendent leurs meubles, leurs

— 36 —

champs, leurs maisons, attellent des bœufs aux chariots et partent ; ils emmènent leurs femmes et leurs enfants. Pierre l'Ermite est en tête, monté sur son âne.

On connaît mal les chemins. A chaque ville les croisés s'écrient : « Jérusalem ». Mais ce n'est jamais la Ville Sainte *. Les croisés arrivent à Constantinople, puis passent en Asie (C). Les Turcs les attaquent : les croisés n'ont que des bâtons pour se défendre. Ils sont battus, massacrés ou emmenés comme esclaves *. Ils n'ont pas atteint Jérusalem, mais ils ont donné l'exemple d'un immense sacrifice pour l'amour de Jésus.

3. La croisade des seigneurs délivre Jérusalem. — Les seigneurs partent quelques mois plus tard : ils se sont préparés avec soin. Ils emportent des provisions, leurs armes et leurs armures. Ils sont conduits par **Godefroy de Bouillon.**

Pourtant le voyage est très dur, surtout en Asie. Ils doivent manger leurs chevaux, de l'herbe, des racines. Ils manquent d'eau dans le désert ; ils souffrent de la chaleur, sous leurs lourdes armures. Enfin, ils arrivent devant Jérusalem, au mois de juin 1099. Ils tombent à genoux et remercient Dieu.

Mais les Turcs gardent la ville. Il faut faire un siège d'un mois. Malgré leurs fatigues les croisés se lancent à l'assaut *. Grâce à une tour roulante ils montent sur les remparts, ouvrent une porte de la ville. L'armée y pénètre. C'est un immense massacre (×).

Quand les croisés restent les maîtres ils se rendent au Saint-Sépulcre, conduits par Godefroy de Bouillon. Ils sont pieds nus et chantent la gloire de Jésus. Jérusalem est délivrée.

Quels sont les soldats et chevaliers qui sont en bas ? A quoi reconnaissez-vous des croisés ? Comment ont-ils réussi à briser la porte ? Dans quelle ville vont-ils entrer ? Par qui la tour de bois a-t-elle été construite ? Pourquoi ? Qui se trouve dessus ?

RB

17. - La ville et les bourgeois

DANS LA RUE AU MOYEN AGE. — **1.** Regardez les maisons : comment les murs sont-ils bâtis ? Comment les fenêtres sont-elles faites ? — **2.** Que voyez-vous aux coins, à la hauteur du premier étage ? — **3.** Quelles boutiques reconnaissez-vous ? Est-ce que vous auriez pu le deviner en regardant les enseignes ? Comment s'ouvrent les boutiques ? Où se font les étalages ? — **4.** Où les habitants prennent-ils de l'eau ? Cherchez un porteur d'eau : que fait-il toute la journée ? — **5.** La rue est-elle pavée ? Est-elle large ? Où se trouve la rigole ? A quoi servent les bornes au coin des rues ? — **6.** Essayez de dire qui sont ou ce que font quelques-uns des personnages qui se trouvent dans la rue.

Dans les villes habitent les *bourgeois* : ce sont des *artisans* ou des *marchands* comme Garnier le drapier.

1. Voici la rue où habite Garnier. — Dès le matin, au son des cloches de la cathédrale, la rue s'est animée : des bourgeois se sont rendus à la messe ; des ouvriers et des apprentis sont allés à leur travail. Puis les boutiques se sont ouvertes. Maintenant les passants sont nombreux : voici le médecin vêtu de sa longue robe violette ; voici les écoliers avec leur alphabet pendu à la ceinture ; voici le chandelier qui vend la graisse pour fabriquer les chandelles ; voici la marchande de paniers. Regardez (×).

2. Dans la boutique de Garnier. — Garnier est marchand de drap et tailleur. C'est un bourgeois qui est devenu riche par son travail. Mais Garnier a d'abord été *apprenti* ; son père a voulu qu'il apprenne à couper et à coudre les étoffes. Puis il est devenu *ouvrier* (ou *compagnon*) ; enfin, pour être *patron* à son tour, il a dû prouver * qu'il était capable de faire un *chef-d'œuvre*, c'est-à-dire un magnifique costume de seigneur et une jolie robe de dame.

Aujourd'hui il a un compagnon et un apprenti ; tous les deux travaillent devant la fenêtre ouverte pour voir clair et pour montrer aux passants que le travail est bien fait, avec de la bonne étoffe.

3. Garnier est maire de la commune. — La ville de Garnier est une *commune*, c'est-à-dire que les habitants choisissent des conseillers appelés *échevins*, et un *maire*. Garnier a été choisi comme maire : tous les jours il va à l'*hôtel de ville* où se réunissent les échevins. Il s'habille de sa longue robe rouge et verte, ornée de broderies et de fils d'or.

Aujourd'hui les échevins sont réunis : depuis plusieurs nuits les bourgeois attardés sont dévalisés dans les rues sombres. Pour éviter ces attaques, Garnier a décidé que les mendiants quitteront la ville chaque soir.

Deux cavaliers, les *hérauts*, vont maintenant parcourir les rues et dire aux habitants ce qui a été décidé (×).

Combien les hérauts sont-ils ? Pourquoi l'un d'eux sonne-t-il de la trompette ? Que va faire le second ? Où iront-ils ensuite ? Regardez l'hôtel de ville au fond de la place : qu'est-ce que la tour qui le domine ? Que voyez-vous des maisons à gauche ?

4. C'est la nuit : la ville s'endort. — A la nuit tombante les boutiques sont fermées ; les mendiants s'en vont dans la campagne. Des hommes de la *milice communale* poussent les lourdes portes de la ville. Puis ils prennent la garde sur les remparts car, si la ville était attaquée, c'est la milice qui la défendrait.

Il y a quelques jours un feu mal éteint a provoqué un incendie ; le veilleur du *beffroi* * a sonné le tocsin *. Les bourgeois et les ouvriers ont lutté toute la nuit contre les flammes ; mais plusieurs maisons, construites en bois comme toutes les maisons de la ville, ont brûlé entièrement.

Aussi, le *couvre-feu* * est annoncé par les rues au son d'une clochette. Vous comprenez pourquoi les hommes du *guet* * sont sévères : ils circulent dans les rues et regardent si tous les feux et toutes les chandelles ont été éteints. Ils font aussi la police et protègent les habitants contre les malfaiteurs.

CE QU'IL FAUT RETENIR

1re Année. — **Les bourgeois habitaient dans des villes ; les bourgeois étaient des commerçants et des artisans. Les échevins dirigeaient la ville et se réunissaient à l'hôtel de ville.**

2e Année. — **La ville, entourée de remparts, avait des rues étroites et sales. Les compagnons et les apprentis travaillaient dans les boutiques avec leur patron.**

Le maire et les échevins se réunissaient à l'hôtel de ville. La ville était protégée par la milice communale.

Quels sont les grands monuments de la ville ? La devanture des boutiques est-elle comme les devantures d'aujourd'hui ? Que pensez-vous que doit faire un compagnon s'il veut devenir patron cordonnier ? ou patron chaudronnier ? Contre qui la ville doit-elle être protégée ? Comment est-elle protégée ?

COPIEZ (en complétant). — *1. Les..... habitent dans les villes. Les..... se réunissent à l'..... de ville. — 2. Avant d'être patron, il faut être..... puis..... La..... communale et le..... protègent la ville.*

18. - Bouvines

PHILIPPE AUGUSTE A BOUVINES. — 1. A quoi reconnaissez-vous le roi ? (Regardez sur son bouclier, sur son surtout et sur son casque). Philippe Auguste est-il en danger ? Pourquoi ? — 2. Que font les soldats ennemis ? Celui qui tient la bride du cheval ? Les deux soldats armés de piques ? — 3. Regardez bien une pique : à quoi peut servir le crochet ? Quelles sont les autres armes que vous pouvez voir aux mains des autres soldats ? Un arc et une arbalète sont-ils construits de la même manière ? — 4. Où se trouvent les troupes du roi ? Regardez l'étendard. — 5. Au fond, à droite, vous voyez l'étendard rouge des milices communales. Où vont les troupes du roi ?

Philippe Auguste est le premier grand roi de France. Il doit se défendre contre un puissant seigneur, Jean sans Terre.

1. Philippe Auguste est menacé par Jean sans Terre. — **Jean sans Terre** est très puissant : il est en même temps duc de Normandie, duc d'Aquitaine, comte d'Anjou et roi d'Angleterre (C). Cependant, comme tous les seigneurs français, il doit soumission * au roi de France ; mais celui-ci est beaucoup plus faible : aussi Jean sans Terre refuse d'obéir à Philippe Auguste. La guerre éclate.

Philippe Auguste attaque d'abord une formidable citadelle, le **Château-Gaillard**, perchée au sommet d'une colline escarpée *, au bord de la Seine (C). Le château passe pour être imprenable : pourtant, le roi, après un siège terrible, parvient à s'en emparer.

Jean sans Terre est obligé d'abandonner une grande partie de ses terres : la Normandie, le Maine, l'Anjou, la Touraine, le Poitou (C). Mais il prépare sa revanche.

2. Philippe Auguste trompe ses ennemis. — Jean sans Terre trouve des alliés * : l'Empereur d'Allemagne, *Othon*, et le comte de Flandre, *Ferrand*. Une très forte armée avance dans le Nord de la France ; Philippe Auguste accourt ; son armée est beaucoup moins nombreuse, mais il possède des chevaliers d'une grande bravoure. Partout il fait sonner le tocsin. Les *milices communales* viennent se joindre au roi.

L'ennemi est installé à côté de marécages : la belle cavalerie française risque de s'y enliser *. Alors Philippe Auguste fait semblant de battre en retraite *. Othon est persuadé que les Français ont peur : il se lance à leur poursuite. Mais l'armée du roi de France s'arrête et se retourne contre l'ennemi ; une bataille acharnée commence, à **Bouvines** (C).

3. La grande victoire de Bouvines (1214). — Les cavaliers français s'élancent, mais l'infanterie ennemie les désarçonne avec ses piques. Les cavaliers se remettent debout et ils frappent avec vaillance. Ils réussissent à s'emparer du comte Ferrand.

Le roi, entouré de ses fidèles seigneurs, comme le brave Guillaume des Barres, donne de grands coups d'épée. Mais dans la mêlée les soldats ennemis s'approchent de lui et le désarçonnent (×). Philippe Auguste est à terre, attaqué de partout. Les vassaux accourent : « Aux Barres », crient-ils. Guillaume des Barres arrive en faisant de terribles moulinets * avec sa *masse d'armes* *. Les ennemis sont abattus, le roi est délivré ; il remonte à cheval et se bat de plus belle.

Les armées d'Othon sont déjà en débandade *. Othon, qui a failli être pris, s'enfuit. Après six heures de combat, la victoire reste aux Français.

4. Philippe Auguste fait un retour triomphal. — Le roi revient à Paris avec sa vaillante armée. Dans tous les villages, c'est la joie : les cloches sonnent à toute volée, les rues et les maisons sont décorées de belles étoffes, le chemin est jonché de rameaux verts et de fleurs.

Sur le bord du chemin les paysans se montrent le comte Ferrand, prisonnier du roi ; à Paris il est conduit au Louvre * : les bourgeois, les étudiants, les artisans rient et gesticulent. On danse et on s'amuse pendant une semaine (×).

Philippe Auguste rentre à Paris : à quoi reconnaissez-vous le roi ? Reconnaissez-vous aussi son étendard ? Qui est dans le chariot ? Pourquoi des Parisiens montrent-ils leur poing au comte Ferrand ? Le peuple est-il content de la victoire de son roi ? Comment montre-t-il sa joie ? Est-ce que la commune de Paris a aidé le roi à Bouvines ? Comment ?

19. - Saint Louis

R.Bresson

SAINT LOUIS REND LA JUSTICE A VINCENNES. — **1.** Où se passe la scène ? Près de quel château ? — **2.** A quoi reconnaissez-vous le roi ? Qu'est-ce que veut dire la main de justice qu'il tient à la
main ? — **3.** Qui est près de lui ? Quels sont les personnages auxquels il aime demander conseil ? — **4.** Un
paysan et une paysanne sont venus se plaindre de leur seigneur : pourquoi osent-ils s'approcher du roi
et lui demander justice ? — **5.** Pensez-vous que le roi a défendu le mauvais seigneur ? A quoi le voyez-
vous ? — **6.** Quelles grandes qualités de Saint Louis pouvez-vous deviner d'après cette scène ?

Louis IX a été appelé Saint Louis parce
qu'il a beaucoup aimé et servi Dieu. Il s'est
appelé lui-même le « sergent de Dieu ».

**1. Saint Louis est un grand roi
chrétien.** — Il est grand et maigre ; ses
gestes sont très doux et il a des « yeux de
colombe ».

Saint Louis est devenu roi à douze ans.
Sa mère, **Blanche de Castille**, a voulu
faire de lui un bon chrétien ; elle lui donna
un moine pour maître. Saint Louis s'est sou-
venu toute sa vie de ce qu'elle lui avait dit
un jour : « Mon fils, vous savez que je vous
aime beaucoup ; et pourtant j'aimerais mieux
vous voir mort que coupable * d'un seul
péché mortel. »

Aussi Saint Louis est très pieux : chaque
jour il va à la messe ; plusieurs fois dans la
journée il récite des prières ; le soir il lit la
Bible * et il se lève à minuit pour chanter

Matines *. Chaque vendredi il va se confes-
ser. Il fait construire dans son palais la magnifique *Sainte-Chapelle* où il vénère la couronne
d'épines * et un morceau de la vraie Croix *.

**2. Saint Louis est très bon et rend la
justice.** — Le roi aime la justice (×). Il
n'hésite pas à punir même les plus puissants
seigneurs. Un jour le frère du roi a pris des
terres à un simple chevalier : Saint Louis
n'hésite pas à donner tort * à son frère et à
l'obliger à rendre les terres volées.

Une autre fois le cruel sire de Coucy fait
pendre trois jeunes gens qui ont tué des lapins
dans ses bois. Le roi le fait venir, le condamne
et le fait enfermer au Louvre.

Saint Louis aime les pauvres gens, tous
ceux qui souffrent. Il fait construire un hospice, les *Quinze-Vingts*, où l'on reçoit trois
cents aveugles. On l'a même vu un jour
soigner un moine lépreux ; le malheureux

était repoussant. Mais Saint Louis s'est approché et lui a donné à manger ; comme le sel brûlait les lèvres du lépreux, le roi enlevait chaque grain de sel qu'il voyait.

Dans son palais il reçoit des mendiants. C'est lui-même qui leur donne à manger (×).

Où se passe la scène ? Quels sont les personnages assis autour de la table ? Qui est debout près d'eux ? A quoi voyez-vous que les pauvres sont bien reçus par Saint Louis ? — Pourquoi Saint Louis reçoit-il ainsi les pauvres ?

3. Saint Louis meurt à la croisade (1270).

— Les Musulmans avaient repris Jérusalem : Saint Louis veut délivrer à nouveau le tombeau de Jésus ; il part deux fois en croisade : c'est la septième et la huitième croisades.

La septième croisade a lieu en **Egypte** (C). Mais Saint Louis est fait prisonnier par le *Sultan* * ; ses ennemis admirent son courage et sa sagesse ; ils consentent à le relâcher contre une forte rançon *.

La huitième croisade a lieu à **Tunis** (C). Mais la peste atteint son armée et le roi lui-même. Saint Louis va mourir ; il appelle son fils Philippe et lui dit : « Cher fils, sois toujours juste et bon. Défends les pauvres gens. Ne garde rien qui ne soit à toi ».

Puis il meurt, en priant. Le peuple de France a pleuré le bon roi Saint Louis (×).

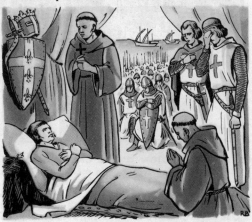

Pourquoi Saint Louis n'a-t-il pas voulu quitter ses soldats dont beaucoup mouraient de la peste ? Meurt-il en chrétien ? Qui est le jeune homme qui pleure à droite ? Les soldats aiment-ils leur roi ? A quoi le voyez-vous ?

CE QU'IL FAUT RETENIR

1re *Année.* — **Saint Louis a été un grand roi chrétien. Il a été très bon et très juste. Il est mort à Tunis pendant la huitième croisade.**

2e *Année.* — **Saint Louis, ou Louis IX, a été élevé par sa mère Blanche de Castille. Il était très pieux et très bon. Il a fait construire la Sainte-Chapelle et les Quinze-Vingts à Paris.**

Il rendait la justice sous un chêne à Vincennes. Il a fait la septième et la huitième croisades. Saint Louis est mort à Tunis en 1270.

A quoi voyez-vous que Saint Louis est un roi pieux ? Qu'il est très bon ? Qu'il est juste ? Qu'a-t-il fait construire à Paris ? Où rendait-il la justice ? Qu'est-ce qu'une croisade ? Pourquoi Saint-Louis est-il parti en croisade ? Répétez ce qu'il a dit à son fils Philippe.

COPIEZ (en complétant). — *1. Blanche de..... a voulu que..... soit un roi p..... et b..... Saint Louis a fait construire la Sainte ..... . — 2. Il rend la justice à..... sous un..... Dans l'hospice des..... Vingts on soigne les..... Saint Louis est mort à.....*

20. - La Cathédrale

R.Bresson

LA CONSTRUCTION D'UNE CATHÉDRALE. — 1. Avec quel matériau la cathédrale est-elle construite? Est-elle construite de la même manière que les maisons des villes? — 2. Comment les blocs de pierre sont-ils amenés? Pourquoi n'emploie-t-on pas d'animaux pour tirer le chariot? — 3. Qui marche devant le chariot? Pourquoi? — 3. Comment les pierres sont-elles montées? — 4. Que font les deux artisans avec leur maillet et leur ciseau, à gauche? — 5. Qui sont les trois personnages autour de la table? — 6. Que fait le groupe d'hommes entre les deux tas de sable? Comment le mortier est-il emporté? — 7. Que font les femmes, à droite? Pour qui? Qu'y a-t-il dans les sacs et dans les fûts?

Au moyen âge le peuple veut que Dieu habite dans des églises magnifiques, qu'on appelle les *cathédrales*.

1. Seigneurs, bourgeois et paysans construisent la cathédrale. — L'évêque Regnault a décidé de reconstruire l'église de Chartres que la foudre a incendiée. Il fait venir un maître-d'œuvre *, Gaucher de Reims, qui va diriger les travaux.

Regardez. Voici un spectacle magnifique : tout le peuple aide à construire la nouvelle cathédrale. Seigneurs et paysans, belles dames et vieillards, tous travaillent. Les uns tirent les chariots par les chemins remplis d'ornières ; les autres montent des pierres énormes ; les femmes préparent le mortier ou font la cuisine. Et la cathédrale monte, monte au-dessus de la ville. Ses hautes flèches * domineront les maisons et les plaines (×).

Beaucoup de miracles se produisent : des aveugles retrouvent la vue ; des paralytiques * se mettent à marcher.

2. La cathédrale est richement ornée. — Ensuite viennent les *sculpteurs*, les *maîtres-verriers* * qui vont décorer la cathédrale.

La *façade* est couverte de belles sculptures *. On représente des scènes de l'Ancien et du Nouveau Testament. Voici, sur un *portail* *, la Vierge assise portant l'enfant Jésus sur ses genoux ; puis Jésus entouré de ses apôtres ; voici encore l'adoration des bergers. Les magnifiques *vitraux* * représentent aussi Jésus enfant, la Passion, la vie de la Sainte Vierge. Les couleurs vertes, bleues, rouges et jaunes se mêlent et deviennent resplendissantes au soleil.

Ainsi la cathédrale est comme un grand livre d'images qui raconte la vie de Jésus et des saints. Le peuple, qui sait à peine lire, peut, de cette façon, mieux connaître la religion en regardant sa cathédrale ; c'est pourquoi on a appelé la cathédrale *la Bible des pauvres*.

3. La cathédrale vit avec la cité. — La cathédrale est achevée. C'est elle qui va régler * toute la vie de la cité *. Ecoutez les cloches tout au long de la journée : ce sont elles qui indiquent l'heure, car les horloges sont rares.

Dès le jour elles sonnent la messe ; puis elles appellent les maîtres et les compagnons au travail ; ce sont elles aussi qui diront l'heure de fermer les boutiques et les ateliers. En cas de danger, elles sonnent le *tocsin*.

Des offices magnifiques sont célébrés dans la cathédrale. Les cierges et les torches * innombrables font ressortir la beauté des sculptures : de belles tapisseries pendent aux murs ; les dalles sont couvertes d'herbes et de fleurs. Les chants résonnent sous les hautes voûtes *. A l'heure de l'offrande l'évêque passe dans les rangs des fidèles et reçoit les présents : le pain est posé sur des serviettes blanches, puis dans les corbeilles.

4. Sur le parvis * de la cathédrale on joue des mystères. — A l'occasion des grandes fêtes on joue des *miracles* ou des *mystères* devant la cathédrale, sur le parvis : les miracles et les mystères sont des représen-tations théâtrales qui racontent la vie de Notre Seigneur et des Saints. Sur une grande estrade on figure le Ciel et l'Enfer (×).

Quel moment de la vie de Jésus représente la scène ? Qui est sur les croix ? Au pied de la grande croix ? Quels soldats sont devant les croix ? Comment est représenté l'Enfer ? Quel est le personnage devant l'Enfer ?

21. - L'église romane...

L'ÉGLISE ROMANE DE LA MADELEINE A VÉZELAY. — Nous voyons ici un côté de l'Église. Les murs sont épais, ils sont soutenus par de puissants contreforts. Les ouvertures sont arrondies en haut ; elles ne sont pas très larges ni très nombreuses : c'est pourquoi une église romane est sombre. L'église romane a été construite à l'époque des châteaux forts et des monastères.

LA CATHÉDRALE GOTHIQUE DE NOTRE-DAME, A BOURGES. — Ici les murs sont beaucoup moins épais ; ils sont soutenus par de minces arcs-boutants qui s'appuient sur des piliers extérieurs. Les ouvertures sont très nombreuses et occupent presque tout le mur ; elles sont terminées en haut par un arc brisé. La cathédrale gothique a été construite à l'époque des villes bourgeoises.

INTÉRIEUR DE NOTRE-DAME-DU-PORT, A CLERMONT-FERRAND. — La voûte de l'église romane est arrondie en demi cercle ; elle a l'aspect d'un berceau renversé. Elle s'appuie sur d'épais piliers de forme carrée. Les ouvertures sont étroites, comme vous pouvez le voir au fond du chœur ; elles laissent entrer peu de lumière.

INTÉRIEUR DE NOTRE-DAME DE CHARTRES. — La voûte est très élevée ; les arcs s'y croisent ; c'est ce qu'on appelle la « croisée d'ogives » qui donne à la voûte l'aspect d'un navire renversé. Les arcs s'appuient sur de fines colonnes. Au fond le chœur est très bien éclairé par les grands vitraux : on dirait une cage de verre.

LA FAÇADE DE NOTRE-DAME DE PARIS. — La façade d'une cathédrale présente toujours trois portails richement sculptés. Les portes s'ouvrent en deux battants : la colonne du milieu est le « trumeau «. Au-dessus se trouve la galerie des rois de Juda et d'Israël ; au-dessus encore et au centre, une grande rosace représente les travaux des mois, autour de l'image de la Vierge. Puis une nouvelle galerie de fines colonnettes est dominée par deux tours ; la grande flèche que vous apercevez derrière monte à 90 m du sol.

LE PORTAIL DE LA VIERGE, A NOTRE-DAME DE PARIS. — A chaque portail le sculpteur a représenté des scènes de la vie de Jésus ou de la Sainte Vierge. Vous voyez ici un portail qui représente l'histoire de la Sainte Vierge ; en bas, ce sont trois Prophètes et trois Rois, ancêtres de la Vierge ; au-dessus, c'est la Résurrection de la Vierge : elle est sortie du tombeau par deux anges, et bénie par Jésus ; en haut c'est le Couronnement : Marie est montée au Ciel, escortée par les anges qui la conduisent à son fils.

CE QU'IL FAUT RETENIR

1re *Année*. — Les églises romanes ont été construites à l'époque des châteaux forts et des monastères. Les cathédrales gothiques ont été construites à l'époque des villes bourgeoises.

2e *Année*. — Une église romane a des murs épais, une voûte arrondie. L'intérieur est sombre parce que les ouvertures sont petites.

Une cathédrale gothique a une voûte en arc brisé, soutenue par des arcs-boutants ; elle a de grands vitraux et de riches sculptures.

Quelles sont les différences entre une cathédrale gothique et une église romane ? Les murs ? Les ouvertures ? Les piliers ? Un vitrail est-il toujours une rosace ? Quelle église romane (ou cathédrale gothique) y a-t-il dans votre région : que savez-vous à son sujet ?

COPIEZ (en complétant). — *1. Les.....-boutant soutiennent la cathédrale..... ; les contre-forts soutiennent l'église..... — 2. Les..... sont plus sombres que les..... Au p..... est souvent sculpté le..... dernier.*

22. - Crécy et Calais

LA BATAILLE DE CRÉCY. — 1. Les Français sont à gauche et les Anglais à droite : à quoi pouvez-vous les reconnaître ? — 2. Quels sont les plus disciplinés ? Pourquoi ? — 3. Regardez une arbalète et un arc : sont-ils construits de la même façon ? Comment le soldat s'y prend-il pour armer son arbalète ? Quel est le plus long à tirer ? Pourquoi ? Qui avait alors avantage sur l'autre ? — 4. Quelles armes voyez-vous aux cavaliers ? Comment était construite une bombarde ? Tirait-elle très loin ? Qu'est-ce qui vous permet de le dire ? — 5. Quels sont ceux qui ont creusé le fossé ? Pourquoi ? Les cavaliers français l'ont-ils vu ? Que leur arrive-t-il ? — 6. Que fait le cavalier français tout à gauche ? Pourquoi ?

Edouard III est roi d'Angleterre ; mais il voudrait aussi être roi de France, à la place de **Philippe VI de Valois**. La guerre éclate entre les deux souverains ; elle continuera après leur mort : c'est la guerre de Cent Ans.

1. L'armée anglaise est plus forte que l'armée française. — Les *cavaliers* de l'armée anglaise sont protégés par une armure qui leur couvre tout le corps ; ils ont plusieurs armes suspendues à leur ceinture : une épée, une dague, une masse. Devant eux se placent les *fantassins* * armés de *coutils* *. Au premier rang se trouvent les *archers* * qui tirent des flèches sur l'ennemi.

La cavalerie française est formée par les seigneurs qui ont bien voulu aider le roi de France : ils ont avec eux leurs soldats, qu'ils ont amené de leur château et qui obéissent à eux seulement. Devant eux marchent les *arbalétriers* * et les milices communales qui ne savent pas très bien se battre. Les seigneurs ne les aiment pas : ils les appellent « la piétaille ». Les seigneurs obéissent mal au roi : ils veulent surtout se battre ; ils cherchent à être au premier rang, même s'il faut bousculer les milices.

2. Philippe VI est battu à Crécy (1346). — Le roi n'a pas su se faire obéir à **Crécy** (C) : les seigneurs ont attaqué les Anglais dès qu'ils les ont vus. Mais les archers ont tiré des flèches ; puis les Anglais ont envoyé des boulets avec les *bombardes*, qui sont les premiers canons.

Les milices et les arbalétriers ont reculé effrayés. Le roi est en colère et très impatient : « Tuez-moi toute cette ribaudaille ! » crie-t-il. Tous les seigneurs français bousculent les milices et les foulent sous leurs chevaux (×).

Souvenons-nous des six bourgeois de Calais

Les chevaliers français se défendent vaillamment. Mais les Anglais sont plus disciplinés ; ils obéissent à leur roi Edouard III ; vers le soir les restes de l'armée française se sauvent. Le roi Philippe VI est obligé de se réfugier dans un château des environs, en pleine nuit. — « Ouvrez, c'est l'infortuné roi de France ! » crie-t-il au guetteur.

3. Les Anglais nous prennent Calais. — Edouard III profite de sa victoire pour faire le siège de **Calais** (C). La ville est défendue par Jean de Vienne ; il fait sortir les femmes et les enfants ; il veut résister jusqu'à ce que le roi de France lui envoie du secours. Mais Philippe VI n'ose pas attaquer les Anglais.

Les habitants de Calais n'ont plus de nourriture : le siège dure depuis onze mois et on a mangé les chevaux, les chiens, les chats. Il ne reste plus qu'à se rendre.

Edouard III exige que six bourgeois lui apportent les clés de Calais : **Eustache de Saint-Pierre** et cinq autres bourgeois se dévouent.

Quand il les voit le roi d'Angleterre ordonne : « Qu'on les pende ! ».

Mais la reine réussit à apaiser sa colère : « Pour l'amour de Jésus, ayez pitié de ces six hommes . — J'aimerais mieux que vous soyiez loin d'ici, répond le roi. Faites d'eux ce que vous voudrez » (×).

Dans quelle tenue sont les bourgeois de Calais ? Qui présente les clés ? Pourquoi le roi d'Angleterre est-il irrité ? Que fait la reine ? Pourquoi faut-il se souvenir des bourgeois de Calais ?

La reine fait habiller les six bourgeois, leur donne un repas et les fait reconduire à Calais.

Mais les Anglais restent maîtres de la ville ; ils la garderont deux cents ans.

CE QU'IL FAUT RETENIR

1re *Année.* — **Philippe VI de Valois a été battu à Crécy par le roi d'Angleterre. Les Anglais ont fait le siège de Calais et ont pris la ville.**

2e *Année.* — **Edouard III roi d'Angleterre, voulait être roi de France. Il réussit à battre le roi de France, Philippe VI de Valois, à Crécy, en 1346. Les Anglais prirent Calais et y restèrent deux cents ans ; les habitants ont été sauvés grâce au dévouement de six bourgeois.**

Pourquoi la guerre commencée par Philippe VI est-elle appelée « Guerre de Cent Ans » ? Contre qui a-t-il fait la guerre ? Pourquoi ? Qu'est-ce qu'un archer ? un fantassin ? un arbalétrier ? Est-ce que les chevaliers français étaient braves ? Pourquoi les armées françaises étaient-elles les moins fortes ? Qu'est-ce que les Français ont vu pour la première fois à Crécy ? Comment les bourgeois de Calais se sont-ils présentés devant Edouard III ?

COPIEZ (en complétant). — *1. ..... de Valois a fait la guerre à..... Mais il a été battu à..... en..... — 2. Les..... anglais envoyaient des flèches .....de Saint-Pierre s'est dévoué avec cinq autres..... de la ville de.....*

23. - Du Guesclin

R.Bresson

DU GUESCLIN VAINQUEUR DU TOURNOI DE RENNES. — **1.** Qu'est-ce qu'un tournoi ? Est-ce un vrai combat entre deux chevaliers ennemis ou seulement un divertissement ? Est-ce un jeu dangereux ? — **2.** Comment les chevaliers sont-ils équipés ? Que faut-il faire pour être vainqueur du tournoi ? Comment les chevaux sont-ils harnachés ? — **3.** Où croyez-vous que se trouve Du Guesclin ? Que veut le chevalier au fond, à gauche ? Quand va-t-il entrer en lice* ? — **4.** Où se tient le tournoi ? Croyez-vous qu'il n'y a ici que le seigneur et les chevaliers du château fort voisin ? A quoi servent les tentes ? — **5.** Qui se trouve dans la tribune ?

Quand **Charles V** devient roi, la guerre continue contre les Anglais. Pour sauver la France Charles V le Sage, choisit des hommes de valeur comme Du Guesclin, qui va mettre fin aux malheurs de la France.

1. Bertrand Du Guesclin est vainqueur d'un tournoi. — Bertrand est né en Bretagne. Il est laid, mais il est robuste : il passe ses journées à se battre avec les enfants du pays ; il revient souvent à la maison, les habits déchirés, le visage meurtri*. Quand il devient un jeune homme, il voudrait être chevalier. Mais ses parents refusent de lui donner un beau cheval et une armure.

Un jour il y a un grand tournoi à **Rennes**. Les seigneurs des environs et leurs dames sont là. Du Guesclin a le grand désir de se battre, mais il n'est pas équipé* ; or **voici** son cousin, un écuyer ; Bertrand court

vers lui ; le cousin accepte de prêter son cheval et son armure. Vite Bertrand s'habille et quelques moments après il vient se ranger auprès des combattants.

La visière de son heaume est baissée ; personne ne le connaît. Un chevalier vient le provoquer*. Bertrand s'élance sur lui : le chevalier est envoyé à terre (×). Deux, trois, cinq, dix, quinze chevaliers se présentent : Bertrand les expédie dans la poussière. Mais le dernier a pu, dans un choc terrible, faire sauter le heaume de Du Guesclin. On le reconnaît : son père lui pardonne et, très fier, l'embrasse. Il est fêté dans toute la ville. Bientôt il entre au service* du roi de France.

2. Du Guesclin emmène les Grandes Compagnies en Espagne. — A cette époque la France est ravagée par des bandes de soldats à moitié brigands, qu'on appelle les

Grandes Compagnies. Audacieux, bien armés et entraînés à toutes les fatigues, ces demi-brigands pillaient les paysans.

Charles V demande à Du Guesclin de les chasser de France. Le rusé Breton les emmène en Espagne *(C)* en leur promettant : « riches vous ferai ».

Mais en Espagne, où il se bat encore contre les Anglais, il est fait prisonnier par le Prince Noir. Du Guesclin fixe sa rançon lui-même à cent mille écus d'or. « Où les trouverez-vous ? » demande le Prince Noir. — « Mon roi paiera ce qu'il faudra, et s'il ne le peut toutes les femmes de France fileront de la laine pour payer ma rançon », répond Du Guesclin.

Charles V paie et Du Guesclin est libéré.

3. Du Guesclin chasse les Anglais de France. — Le roi nomme Du Guesclin connétable, c'est-à-dire chef des armées. Il reprend la guerre contre les Anglais. Mais il ne leur livre pas de grandes batailles. Rusé, il leur prépare des embuscades et les Anglais, toujours surpris, sont battus.

Un jour, Du Guesclin prend un château en se déguisant en bûcheron (×).

A quel endroit se passe la scène ? Comment sont habillés Du Guesclin et ses deux soldats ? Pourquoi les Anglais ont-ils ouvert ? Pourquoi les Français ont-ils brisé les chaînes ? Qui voyez-vous au loin ?

Une autre fois, vêtu de l'armure des soldats anglais, il s'empare de la ville de Niort. *(C)*

De cette manière Du Guesclin chasse peu à peu l'ennemi. A sa mort, les Anglais ne conservent que cinq villes en France, parmi lesquelles **Calais** *(C)*.

Du Guesclin sera enterré à *Saint-Denis*, auprès des rois de France *(C)*.

CE QU'IL FAUT RETENIR

1re *Année.* — **Charles V le Sage a nommé Bertrand Du Guesclin connétable. Du Guesclin a chassé les Anglais de France par une guerre d'embuscades.**

2e *Année.* — **Bertrand Du Guesclin était un chevalier breton très rusé. Le roi Charles V le Sage l'a choisi pour commander l'armée et l'a nommé connétable.**

Du Guesclin a débarrassé la France des Grandes Compagnies. Puis il a repris la guerre contre les Anglais : il réussit à les chasser de France par une guerre d'embuscades.

Pourquoi Charles V est-il surnommé le Sage ? Qu'est-ce qu'un tournoi ? Pourquoi Bertrand gardait-il sa visière baissée ? Comment espérait-il trouver l'argent de sa rançon au Prince Noir ? Pourquoi pouvait-il compter sur les femmes de France ? Pourquoi préférait-il faire des embuscades aux Anglais ?

COPIEZ (en complétant). — *1. ..... a été surnommé le Sage. Le Breton..... était un chevalier courageux. — 2. Charles V a payé la..... au Prince..... Du Guesclin a été nommé.....*

24 - Jeanne d'Arc (1)

JEANNE D'ARC ÉCOUTE SES VOIX. — 1. Qui est Jeanne d'Arc? Que tient-elle sous le bras? Que fait-elle? Est-ce que beaucoup de gens filaient la laine comme Jeanne d'Arc, à cette époque? Pourquoi? — 2. Quels sont les trois personnages qui se trouvent devant elle? Pourquoi ne sont-ils pas dessinés de la même manière que Jeanne d'Arc? — 3. Saint Michel est le chef des milices célestes et aussi l'un des patrons et protecteurs de la France? Sainte Marguerite fut une jeune fille martyrisée pour sa foi; Sainte Catherine est la patronne des jeunes filles: elle fut martyrisée sur une roue garnie de pointes? — 4. Pouvez-vous maintenant reconnaître chacun de ces trois personnages? Pourquoi Dieu les a-t-il choisis pour les envoyer auprès de Jeanne d'Arc?

Après la mort de Du Guesclin les Anglais sont de nouveau vainqueurs: le roi d'Angleterre est devenu roi de France. **Charles VII**, le vrai roi de France, est appelé par moquerie « *roi de Bourges* » parce qu'il n'est plus le maître que d'un petit pays (*C*).

1. La bergère de Domrémy entend des Voix. — Jeanne vit avec ses parents, paysans à **Domrémy**, en Lorraine (*C*). Comme ses frères et sa sœur, elle aide aux travaux de la maison et des champs. Elle ne sait ni lire ni écrire, mais sa mère lui a appris à prier et à aimer le bon Dieu.

Elle sait qu'il y a grande pitié * au royaume de France: souvent, avec tous les habitants de Domrémy, elle se réfugie dans une île de la Meuse pour échapper aux ennemis du roi. Elle souffre de voir tant de misères. Un jour, dans une grande lumière elle voit l'archange

Saint Michel, Sainte Marguerite et Sainte Catherine, qui lui demandent d'aller au secours du roi et de sauver la France. Jeanne, effrayée, répond: « Mais je ne suis qu'une humble bergère! ». — « N'aie aucune crainte, Jeanne, Dieu est avec toi, répond la Voix. Va! » Pendant cinq ans, elle entend ces Voix qui l'appellent au secours de notre patrie * (×).

2. Jeanne d'Arc va trouver le roi Charles VII à Chinon. — A dix-sept ans Jeanne se décide à partir. Elle va trouver le capitaine du roi à *Vaucouleurs* (*C*) et lui demande une escorte pour la conduire auprès du roi. On l'accueille d'abord avec des rires et des moqueries. Mais Jeanne ne se lasse pas et elle finit par obtenir une escorte.

Alors elle entreprend une longue chevauchée * à travers des régions occupées par les Anglais. Elle arrive à **Chinon** (*C*). Le roi, lui aussi, hésite à la recevoir. Mais Jeanne, aidée par Dieu, ne craint plus rien ; Charles VII finit par accepter de la voir. Voici Jeanne. Charles VII, en habits très simples, est perdu au milieu de seigneurs en riches costumes : va-t-elle se tromper ? Non, Jeanne n'hésite pas. Dieu la guide ; elle se dirige droit vers le roi et lui dit :

— « Très gentil roi, je suis envoyée par Dieu pour vous aider et sauver votre royaume ».

Bientôt le roi la croit et il lui confie une armée.

3. Jeanne d'Arc délivre Orléans aux Tournelles.

— Orléans est, à ce moment-là, assiégée par les Anglais, qui ont construit des *bastilles* * autour de la ville (C). Jeanne avertit les Anglais qu'ils doivent s'en aller ; comme ils refusent, Jeanne d'Arc les attaque.

Elle dresse une échelle contre la plus puissante bastille, celle des **Tournelles** ; elle monte mais une flèche lui perce l'épaule ; elle tombe ; courageusement elle arrache la flèche et monte de nouveau à l'échelle (×). Elle encourage ses soldats.

— Regardez bien quand mon étendard touchera le sommet des remparts.

Un soldat lui répond :

— Jeanne, il y touche.

— Alors, s'écrie-t-elle, la bastille est à vous. Entrez-y !

Les soldats se précipitent derrière Jeanne qui, elle, ne veut pas frapper de son épée.

Les unes après les autres les bastilles sont prises ; les Anglais s'enfuient. Le 8 mai 1429 Jeanne d'Arc entre dans **Orléans** délivrée, saluée par les cris des habitants étonnés.

Dans quelle ville Jeanne d'Arc entre-t-elle ? Comment est fait son étendard ? Qu'y lisez-vous ? Comment Jeanne est-elle habillée ? Y a-t-il une différence avec le temps du chevalier Thierry ? Les habitants d'Orléans sont heureux : à quoi le voyez-vous ? Pourquoi ?

CE QU'IL FAUT RETENIR

1re *Année.* — **Charles VII n'était plus que le « roi de Bourges ». Mais Jeanne d'Arc, envoyée par Dieu, vint trouver le roi qui lui donna une armée ; Jeanne d'Arc délivra Orléans.**

2e *Année.* — **Jeanne d'Arc était une bergère lorraine, née à Domrémy. Des voix lui demandèrent de sauver la France. Elle alla trouver Charles VII à Chinon. Le roi lui donna une armée. Jeanne d'Arc délivra Orléans par la bataille des Tournelles ; elle entra dans la ville le 8 mai 1429.**

Pourquoi Charles VII est-il appelé le « roi de Bourges » ? Pourquoi Jeanne hésite-t-elle à partir ? Pourquoi se moque-t-on de Jeanne ? Comment Jeanne montre-t-elle qu'elle est courageuse ? Recherchez sur le calendrier quelle fête est célébrée le dimanche qui suit le 8 mai.

COPIEZ (en complétant). — *1. Jeanne d'..... est née à..... C'était une..... Ses..... lui ont dit d'aller trouver le roi..... à..... . — 2...... VII lui donna une armée. Elle battit les Anglais aux..... et délivra..... le.....*

25. - Jeanne d'Arc (2)

R.Bresson

CHARLES VII EST SACRÉ A REIMS. — 1. Dans quelle cathédrale sommes-nous ? A quoi reconnaissez-vous que c'est une cathédrale ? — 2. Rappelez-vous un grand évènement qui a eu lieu à Reims ? — 3. Pourquoi Charles VII n'est-il pas encore sacré roi ? Qui l'a conduit jusqu'à Reims ? Reconnaissez-vous l'étendard de Jeanne d'Arc ? — 4. Où se trouve Charles VII ? Il a revêtu le grand manteau royal, doublé d'hermine ? — 5. Qu'est-ce que l'évêque tient dans ses mains ? Voyez-vous le seigneur qui a présenté la couronne royale à l'évêque ? Que va faire celui-ci ? — 6. Quel serment semble faire Jeanne d'Arc ? Que font les trompettes ? — 7. Retenons bien ceci : Le sacre signifie que le souverain est « roi par la grâce de Dieu », c'est-à-dire par la volonté de Dieu. Les rois de France étaient sacrés dans la cathédrale de Reims.

1. Jeanne d'Arc fait sacrer Charles VII à Reims. — Pour pouvoir se dire roi de France, Charles VII devait être sacré à la cathédrale de Reims (C). Il ne l'est pas encore parce que les Anglais l'empêchent d'aller à cette ville. Mais Jeanne lui dit :

« Maintenant est exécutée la volonté de Dieu qui voulait que je délivre Orléans. Gentil roi, Dieu veut encore que je vous mène à Reims, pour recevoir votre sacre et montrer que vous êtes le vrai roi à qui la France doit appartenir. »

Charles VII hésite. Mais une fois encore Jeanne l'a convaincu *. Il part, protégé par Jeanne et son armée ; les Anglais sont encore battus et il arrive à **Reims**. Dans la magnifique cathédrale Charles VII est sacré roi devant ses soldats ; Jeanne pleure de joie.

Quand l'évêque place la couronne sur la tête de Charles VII la foule crie : « Vive le roi ! » (×).

2. Jeanne d'Arc est faite prisonnière à Compiègne. — Après le sacre du roi Jeanne reprend la lutte : elle est venue à **Compiègne** (C) pour défendre la ville contre les Anglais et leurs alliés, les **Bourguignons**, qui sont des Français ennemis du roi Charles VII.

Un soir elle sort de la ville avec une troupe pour repousser l'ennemi ; elle tombe sur le camp bourguignon : d'abord elle semble avoir la victoire mais bientôt l'ennemi est plus fort. Les soldats de Jeanne se débandent et s'enfuient malgré ses supplications * ; elle doit les suivre, en essayant de les protéger.

Voici les remparts de la ville. Ses soldats y entrent, mais soudain le pont-levis se lève devant Jeanne ; les fossés lui barrent le passage, elle est abandonnée. Les Bourguignons arrivent et la font prisonnière.

Le roi Charles VII ne fait rien pour la délivrer : les conseillers du roi sont jaloux des succès de Jeanne et la laissent lâchement aux mains de l'ennemi. Les Bourguignons la vendent aux Anglais.

3. Jeanne d'Arc est jugée et brûlée vive à Rouen. — Les Anglais ne pardonnent pas à Jeanne d'avoir été battus par une femme : ils la font juger par leur ami, l'évêque Cauchon. Jeanne est accusée d'être une sorcière ; on lui pose des questions difficiles : chaque fois elle répond avec beaucoup de sagesse et étonne ses juges. Mais ceux-ci veulent la faire mourir, aussi ils la condamnent à être brûlée vive.

Voyez. Nous sommes à Rouen sur la place du Vieux-Marché, le 30 mai 1431 (C). Une foule nombreuse est là : beaucoup de gens pleurent. Jeanne est sur le bûcher (×). Elle meurt en criant : « Jésus ! Jésus ! » Elle n'a pas vingt ans. Un Anglais se sauve en disant : — « Nous sommes perdus, nous avons brûlé une sainte ».

C'est bien vrai. Plus tard l'Eglise fera de Jeanne d'Arc une sainte, la *sainte nationale de la France.*

Charles VII regrettera son ingratitude * : il deviendra un grand roi et terminera la guerre de Cent Ans ; il chassera définitivement les Anglais du royaume de France.

Sur quelle place Jeanne est-elle martyrisée ? Comment les Anglais l'ont-ils placée sur le bûcher ? Pourquoi lui ont-ils mis le bonnet réservé à ceux qui ont trahi la religion ? Son attitude laisse-t-elle penser qu'elle a renié Jésus ? Que fait le cavalier ? Les gens du peuple paraissent-ils croire les Anglais ?

RB

26. - Louis XI

LOUIS XI à PLESSIS-LEZ-TOURS. — 1. Où se trouve le roi Louis XI ? Que font les gens dans la rue ? Regardez bien chacun d'eux. — 2. A quoi voyez-vous que Louis XI est un roi très simple ? Comment se promène-t-il dans la rue ? Avec une escorte ? — 3. Quels sont les deux personnages qui marchent à ses côtés ? A quoi reconnaissez-vous des bourgeois ? — 4. Louis XI est-il plus richement habillé que les bourgeois ? Décrivez l'habit de chacun d'eux, roi et bourgeois. — 5. Reconnaissez-vous des gens du peuple ? Reconnaissez-vous aussi une grande dame bourgeoise ? Décrivez les costumes. — 6. A quoi reconnaissez-vous une rue du moyen âge ? Regardez le ruisseau, les maisons, la boutique.

Après la guerre de Cent Ans, la France est gouvernée par un grand roi, **Louis XI.**

1. Louis XI ne paie pas de mine. — Regardez-le dans une rue de **Plessis-lez-Tours** (×). Il est simplement vêtu ; il n'a pas d'escorte. Il aborde familièrement les bourgeois et parfois entre dans une taverne pour boire un pot de vin avec l'un d'eux. Ses conseillers sont tous des bourgeois ; il bavarde volontiers avec son barbier, Olivier le Daim.

Mais il est très dur avec ses ennemis. Son bourreau *, Tristan l'Ermite, surveille les « fillettes du roi » ; ce sont des cages de fer dans lesquelles Louis XI fait enfermer ceux qui lui désobéissent, souvent des seigneurs.

Louis XI est très croyant. Il fait des dons aux sanctuaires * de Saint Martin, de Saint Michel ; il fait reconstruire l'église *Notre Dame de Cléry.* Mais il est superstitieux : il porte des médailles autour de son chapeau.

2. Charles le Téméraire est un dangereux ennemi de Louis XI. — **Charles le Téméraire** est le puissant *duc de Bourgogne,* qui possède aussi l'Artois, la Picardie et la Flandre (C).

Il est très riche ; les seigneurs et les dames de sa cour, à **Dijon** (C), sont vêtus d'habits somptueux *. Il donne des fêtes splendides : à la fête du faisan on apporte un énorme pâté qui contient vingt-huit musiciens.

Mais Charles le Téméraire est un ambitieux * : il veut être roi et conquérir * des régions qui appartiennent à Louis XI.

3. Louis XI est humilié par Charles le Téméraire. — Louis XI essaye de ruser contre le puissant duc : il va le voir à **Péronne** ; tous les deux semblent bons amis. Mais le duc apprend que la ville de Liége s'est révoltée et que la révolte a été provoquée* par des envoyés de Louis XI. Le duc entre dans une violente colère et garde le roi prisonnier. Louis XI, pour être libre, promet d'aller à **Liége** et de châtier * les révoltés.

Louis XI a dû promettre aussi de donner la Champagne (C) ; mais, revenu à Plessis-lez-Tours, il refuse. Charles le Téméraire est furieux. Pour se venger il veut prendre **Beauvais** (C) ; les habitants se défendent héroïquement. Les femmes elles-mêmes montent sur les remparts ; l'une d'elles réussit à prendre un étendard bourguignon en se battant avec une hache : on l'appellera Jeanne Hachette.

Charles le Téméraire est obligé de s'en aller. Mais il sera tué au siège de Nancy. Louis XI en profitera pour prendre ses terres.

4. Louis XI administre * bien son royaume. — Le roi encourage les fabriques de tapis, de faïence. C'est lui qui fait installer la fabrication de la soie et du drap d'or à Tours. Louis XI a aussi créé la poste : des *courriers royaux*, à cheval, portent les lettres de ville en ville (×).

Comment le courrier royal est-il habillé ? Où sont ses lettres ? Il arrive ici au relais : pourquoi le fermier amène-t-il un cheval ? Pouvez-vous dire ce qu'on fait au relais ? Décrivez le costume des paysans et des paysannes.

Louis XI est très souvent en voyage ; il va à travers le pays pour se renseigner lui-même ; il se plaît à loger chez ses plus humbles sujets

et bavarde de longues heures avec eux. Il fait cultiver les friches ; le peuple est plus heureux.

A la fin de sa vie Louis XI s'enferme dans son château de Plessis-lez-Tours ; il a toujours son médecin près de lui car il a peur de la mort. D'Italie, il fait venir Saint-François de Paule pour le guérir. Il meurt pieusement dans les bras du saint. Il est enterré à Notre-Dame de Cléry.

CE QU'IL FAUT RETENIR

1re *Année.* — **Louis XI est un grand roi. Il doit lutter contre le duc de Bourgogne, Charles le Téméraire. Il administre le royaume avec sagesse.**

2e *Année.* — **Charles le Téméraire, duc de Bourgogne, fut le plus dangereux ennemi de Louis XI. Le duc trouva la mort près de Nancy. Louis XI s'empara de ses terres.**
Louis XI fut un roi très simple. Il prit des bourgeois comme conseillers. Il encouragea les paysans, la fabrication de la soie à Tours. Il créa la poste.

A quoi voyez-vous que Louis XI est très simple ? Aime-t-il Dieu de la même manière que Saint Louis ? Que veut Charles le Téméraire ? Pourquoi veut-il être roi ? Qu'est-ce qui montre que Louis XI est rusé ? Qu'a-t-il fait pour rendre la France plus prospère ? Pourquoi Louis XI est-il un grand roi ?

COPIEZ (en complétant). — I. Le roi..... vivait à..... -lez-Tours. Charles le..... était duc de...... — 2. ..... fut fait prisonnier à..... par le duc. Le duc est mort à..... Le roi a créé des..... royaux.

27. - Gutenberg et l'imprimerie

L'ATELIER DE GUTENBERG A STRASBOURG. — Regardez bien les personnages : chacun d'eux fait une partie du travail d'imprimerie. — 1. Au fond, à droite, c'est la composition : les ouvriers forment les phrases avec les caractères. Qu'y a-t-il dans les casiers ? — 2. Quand les phrases sont formées, on étale de l'encre dessus : comment l'ouvrier de devant, à droite, s'y prend-il pour mettre de l'encre sur les caractères ? — 3. Quelles sont les différentes parties de la presse qui est au fond ? Que fait l'ouvrier ? Pourquoi ? Savez-vous ce qu'il y a sous la presse ? — 4. Pourquoi les pages sont-elles pendues à un fil ? Que fera-t-on ensuite avec ces pages ? — 5. Que regarde Gutenberg ? Pourquoi ? — 6. Que font les apprentis sur la table, à gauche ? — 7. Savez-vous à quoi peut servir le feu qui est au fond de l'atelier ? — 8. Décrivez les costumes, les fenêtres.

1. Les livres d'autrefois étaient copiés à la main. — Nous avons vu que les moines copiaient les textes sur du *parchemin* ; ils écrivaient avec une *plume d'oie*. Les moines copistes aimaient beaucoup leur travail ; ils s'appliquaient à tracer de jolies lettres ; les titres étaient écrits au carmin * ou à la poudre d'or. Dans les marges des pages ils coloraient de beaux dessins, qu'on appelait des *enluminures*. Les livres étaient richement reliés avec des plaques d'argent ou d'or, des lamelles d'ivoire et du beau cuivre rouge.

2. Les manuscrits étaient rares et chers. — Il fallait beaucoup de temps pour recopier un livre : les moines ne pouvaient pas aller très vite. Les livres coûtaient aussi très cher. La duchesse d'Anjou, pour acheter un livre de prières, a été obligée de donner deux cents moutons, du blé et du seigle.

Vous comprenez pourquoi dans les monastères on attachait les livres avec une chaîne : il fallait les mettre à l'abri des voleurs.

Quand un homme savant voulait lire un livre, il devait aller au monastère où ce livre se trouvait. Parfois c'était très loin : il fallait plusieurs journées de marche. Parfois il fallait se rendre en Italie ou en Allemagne (C).

Pour éviter toutes ces difficultés les hommes ont cherché à faire des livres plus vite, en plus grand nombre et moins chers. Ils ont d'abord appris à faire du *papier* avec des vieux chiffons ; ils n'ont plus employé le parchemin qui coûtait trop cher.

3. Gutenberg invente l'imprimerie. — Au temps du roi Louis XI, Jean Gutenberg va trouver l'imprimerie. C'est un Allemand, qui a été chassé de sa ville natale, Mayence (C). Il s'est réfugié à Strasbourg (C).

Il a l'idée de faire des *lettres mobiles* *, c'est-à-dire des lettres séparées et qu'on place les unes à côté des autres pour former des mots et des phrases. On appelle aussi ces lettres mobiles des *caractères*. Pour qu'elles ne s'abîment pas Gutenberg les fabrique avec du plomb fondu, coulé dans de petits moules. De cette manière il peut faire rapidement beaucoup de lettres.

Quand les phrases sont formées avec ces caractères, Gutenberg étale de l'encre dessus et, avec la *presse*, il appuie une feuille de papier ; puis deux, trois, dix , cent. A chaque fois les phrases sont reproduites. De cette manière il peut faire beaucoup de livres à la fois (✕).

4. Grâce à Gutenberg chacun peut acheter un livre. — Le premier livre que Gutenberg a imprimé est la *Bible* : maintenant il n'est plus nécessaire d'aller jusqu'au monastère lointain pour la lire. On peut avoir ce beau livre chez soi.

Au temps du roi François Ier il y aura beaucoup d'écrivains : tous pourront avoir une *bibliothèque* *. L'un d'eux, Montaigne, raconte qu'il aimait beaucoup sa bibliothèque, qu'il appelait sa « *librairie* » ; elle se trouvait dans une tour de son petit château. Tous les jours il y montait et il lisait pendant de longues heures (✕).

Où se trouve Montaigne ? Que fait-il ? Est-il obligé d'aller au monastère pour lire un livre ? Pourquoi a-t-il pu avoir une bibliothèque ? Décrivez la pièce, le costume de Montaigne.

L'imprimerie est une très grande invention : elle a permis aux hommes de s'instruire plus facilement.

CE QU'IL FAUT RETENIR

1re *Année.* — **Autrefois, les livres étaient des manuscrits. Mais Gutenberg inventa les caractères d'imprimerie et la presse. Le premier livre imprimé fut la Bible.**

2e *Année.* — **Autrefois les livres étaient des manuscrits. Les moines les décoraient de belles enluminures et de riches reliures. Mais ils étaient rares et chers.**
Gutenberg inventa les caractères d'imprimerie et la presse. Il imprima beaucoup de livres à la fois. Le premier livre imprimé fut la Bible.

Pourquoi les livres étaient-ils rares ? Pourquoi étaient-ils chers ? Pourquoi se trouvaient-ils dans les monastères ? Qu'est-ce qu'un caractère d'imprimerie ? Racontez tout ce que fait Gutenberg pour imprimer une page de la Bible. Pourquoi les écrivains ont-ils pu avoir une bibliothèque ?

COPIEZ (en complétant). — *1. Les..... recopiaient les livres sur du..... Ils ornaient les pages de belles..... . — 2. ..... s'est réfugié à..... Il inventa les..... d'imprimerie ..... lisait souvent dans sa bibliothèque.*

28. - Christophe Colomb

R.Bresson

LES TROIS CARAVELLES DE CHRISTOPHE COLOMB. — 1. Sur quel océan ces trois caravelles naviguent-elles ? Où Christophe Colomb croit-il les conduire ? — 2. Quel est leur nom : la plus proche est la Santa-Maria, la plus lointaine est la Nina. Comment s'appelle la seconde ? — 3. Décrivez la Santa-Maria : le bord est-il près de l'eau ? Pourquoi ? les parties élevées du pont s'appellent les « châteaux » : par quoi y monte-t-on ? Qu'y a-t-il au-dessus de la lanterne arrière ? Où se trouve le gouvernail ? Combien y a-t-il de mâts ? de voiles ? Qu'y a-t-il sur les voiles ? — 4. Que montre le marin monté sur la hune du grand mât ? Qu'est-ce qui indique, dans le ciel, que la terre est proche ? — 6. Que font les marins sur le pont ? Que fait Colomb sur le château arrière ?

1. Christophe Colomb veut aller aux Indes par la mer.

Christophe Colomb est tisserand à Gênes. Chaque jour, en allant sur le port, il voit arriver des navires qui reviennent de l'Orient à travers la Méditerranée. Ils apportent de l'or, des pierres précieuses et des épices (poivre, cannelle, girofle). On raconte que tous ces produits ont été apportés jusqu'à la mer par des caravanes * venues d'un pays fabuleux, les *Indes* (C).

Christophe Colomb, comme beaucoup de gens, voudrait aller aux Indes. Il s'est fait mousse sur un bateau et devient un hardi marin. Son idée est d'atteindre les Indes par la mer : il est convaincu que la terre est ronde et il pense qu'en naviguant toujours vers l'Ouest, grâce à la *boussole* * et au gouvernail *, il arrivera au pays des épices.

2. La reine d'Espagne lui donne des caravelles et des marins.

Christophe Colomb n'est pas assez riche. Il va trouver le roi d'Espagne mais n'obtient rien. Il ne se décourage pas. Il s'adresse à la reine, Isabelle de Castille, qui consent à lui fournir trois *caravelles*, la *Santa-Maria*, la *Nina* et la *Pinta* (×).

Les caravelles sont des bateaux nouveaux légers, qui peuvent affronter * les tempêtes de l'Océan. Mais Colomb ne trouve pas de marins : on croit qu'il faut naviguer sur des eaux bouillantes, que les bateaux vont être attirés sur des rochers par des aimants. Colomb est réduit à prendre des hommes qui se trouvent en prison : « Faites avec nous ce voyage, leur dit-il. Nous trouverons là-bas des maisons avec des tuiles d'or et tous vous deviendrez riches ».

3. Le premier, Christophe Colomb traverse l'Océan.

Le 3 août 1492, les trois caravelles sont enfin parties. Les semaines passent ; les hommes d'équipage sont peu à peu saisis d'inquiétude *. L'Océan Atlantique est immense et mystérieux. Ils pensent qu'ils n'atteindront jamais les Indes. Un jour, ils se révoltent, ils veulent retourner en Espagne et ils menacent de jeter Colomb à la mer.

Colomb les rassure, leur promet des richesses ; puis il prie pour que Dieu fasse aboutir ce long voyage. Le 8 octobre on aperçoit des oiseaux dans le ciel. Enfin le 12 octobre au soir, un marin de la *Pinta* crie : « Terre, Terre ! »

4. Christophe Colomb prend l'Amérique pour les Indes. — Colomb met pied à terre. Des hommes curieux, à la peau rouge, s'approchent d'eux avec crainte : Colomb les appelle des *Indiens*.

Grâce à ses cadeaux, ils deviennent vite ses amis. Ils le reçoivent comme un roi (×).

Colomb vient-il avec des soldats ? Pourquoi offre-t-il des colliers ? Comment sont habillés les Indiens ? Leur peau a-t-elle une couleur naturelle ? Que plantent les marins près du rivage ? Pourquoi ? Que font les autres marins ?

Christophe Colomb croit être arrivé aux Indes. Il repart sur ses caravelles avec des Indiens, des perroquets et de l'or. A son retour en Espagne, il est fêté.

Mais il fait beaucoup de jaloux : quand il revient de son quatrième voyage il est arrêté,

jeté en prison, chargé de fers. Libéré un peu plus tard il meurt dans la misère.

C'est un autre navigateur, *Améric Vespuce*, qui s'apercevra que Christophe Colomb n'a pas abordé aux Indes, mais qu'il a découvert un nouveau continent ; le navigateur donnera son nom au continent : l'*Amérique* (C).

CE QU'IL FAUT RETENIR

1re *Année*. — **Christophe Colomb a traversé l'Océan Atlantique avec trois caravelles. Il croyait être arrivé aux Indes ; mais il avait découvert l'Amérique.**

2e *Année*. — **Un marin génois, Christophe Colomb, a cherché la route des Indes. Il a traversé l'Océan Atlantique avec trois caravelles, que lui a données Isabelle de Castille.**
Après un long voyage, Christophe Colomb a atteint un continent en 1492 ; il avait découvert l'Amérique. Mais c'est Améric Vespuce qui lui donna son nom.

Pourquoi Christophe Colomb veut-il aller aux Indes ? Quelle invention a permis à Colomb de traverser l'Océan ? Pourquoi les caravelles pouvait-elles résister aux tempêtes ? Calculez sur un calendrier combien de jours le voyage de Colomb a duré. Pourquoi Colomb a-t-il donné le nom d'Indiens aux indigènes ? Pourquoi Colomb n'a-t-il pas donné son nom à l'Amérique ? Cherchez sur une carte de l'Amérique du Sud un pays qui porte le nom de Colomb.

COPIEZ (en complétant). — *I. Christophe..... est un marin du port de..... La reine Isabelle de..... lui a donné trois..... — 2. Colomb était monté sur la..... Il a découvert l'..... en.....*

29. - Nous sommes au moyen âge

1. Que représentent ces images ?

1   2   3   4

5   6   7   8

2. Répondez aux questions.

1. Qu'est-ce qu'une croisade ? Pourquoi les Croisés se battent-ils contre les Turcs ? — 2. Comment une ville se défend-elle au moyen âge ? — 3. Pourquoi Philippe-Auguste doit-il se battre contre Jean sans Terre ? — 4. Qu'est-ce qui montre que Saint Louis était un grand chrétien ? — 5. Pourquoi dit-on que la cathédrale est la « bible des pauvres » ? — 6. Pourquoi les Français ont-ils été battus à Crécy ? Pourquoi faut-il se souvenir des six bourgeois de Calais ? — 7. Comment Du Guesclin réussit-il à battre les Anglais ? — 8. Pourquoi Jeanne d'Arc a-t-elle pu remporter de grandes victoires ? Pourquoi Jeanne d'Arc est-elle patronne de France ? — 9. Pourquoi Louis XI est-il un grand roi ? Cependant, quels défauts lui reprochez vous ? — 10. Pourquoi les livres coûtaient-ils très cher avant Gutenberg ? — 11. Pourquoi Christophe Colomb n'a-t-il pas donné son nom à l'Amérique ?

3. Qu'est-ce que...?

1. — Un croisé ? Un bourgeois ? Un échevin ? Un héraut ? Un archer ? Un connétable ? Un courrier royal ?

2. — Un chef-d'œuvre ? Un hôtel de ville ? Un beffroi ? Une cathédrale ? Un vitrail ? Un manuscrit ? Un étendard ? Une caravelle ?

4. Comment s'appelait...?

— le moine qui a prêché la croisade ?
— le « sergent de Dieu » ?
— le connétable de Charles V ?
— le « roi de Bourges » ?
— la sainte nationale de la France ?

5. Que vous rappellent...?

Jérusalem ? Tunis ? Bouvines ? Calais ? Saint-Denis ? Reims ? Rouen ? Péronne ? Strasbourg ?

DEVOIR

COPIEZ (en complétant). — 1. Les C..... ont délivré Jérusalem en..... — ..... est notre première victoire nationale, en..... — Blanche de..... a fait de..... un roi très pieux. — Du..... a été fait prisonnier par le.....Noir.

2. Jeanne.....a été brûlée à..... le 30 mai..... — Charles le.....était duc..... — .....inventa les lettres..... — Christophe.....a franchi l'Atlantique sur sa.....appelée la Santa.....

6. Qu'ont-ils fait de grand ?

Saint Louis

Du Guesclin

Jeanne d'Arc

Louis XI

7. Cherchez dans les leçons que vous avez étudiées.

1. — Donnez un titre aux images de la page de droite de chaque leçon.

2. — Voyez la ville gallo-romaine (leçon 3) et la ville du moyen âge (leçon 17). Quelles différences voyez-vous ? Les maisons sont-elles construites de la même façon ? Et les boutiques ? Les rues sont-elles pareilles ? Y trouve-t-on les mêmes monuments publics ?

3. — Regardez les images des pages 41 et 53 : le peuple est-il content ? A quoi le voyez-vous ? Pourquoi est-il content ?

4. — Qu'est-ce qui rappelle l'atelier de Gutenberg à la leçon 13 ? Pourquoi Gutenberg peut-il faire un livre plus vite que les moines ?

5. — Les caravelles ressemblent-elles aux barques normandes ? Quelles différences voyez-vous ?

6. — Quels étaient le costume et les armes d'un chevalier croisé ? d'un guerrier de Philippe-Auguste ? d'un arbalétier ? de Du Guesclin au tournoi de Rennes ?

7. — Quelles sont les images, depuis la leçon 16, qui montrent que les hommes du moyen âge croyaient en Dieu ?

8. Comment s'habillaient ?

Un papa au temps de Louis XI ? Il porte une *houppelande* qui descend à mi-jambe ; elle est serrée à la taille par une ceinture ; ses manches sont très larges. Il est coiffé d'un *chaperon* qui comprend une courte pèlerine aux bords festonnés et tailladés, comme les bords des manches. Aux jambes il porte des *chausses.*

Une maman au temps de Louis XI ? Elle porte une *houppelande* ouverte en pointe sur la gorge ; qui est protégée par un voile de gaze, la *gorgerette.* Une large ceinture est bouclée dans le dos. Sous la houppelande elle porte une jupe de couleur. Elle est coiffée du *hennin* surmonté de deux étages de mousseline empesée.

═══ RETENEZ CES DATES ═══

1099	:	Jérusalem est délivrée par les Croisés.
1214	:	Victoire de Philippe Auguste à Bouvines.
1346	:	Défaite des Français à Crécy.
1431	:	Jeanne d'Arc est brûlée sur le bûcher à Rouen.
1492	:	Christophe Colomb découvre l'Amérique.

30. - Le chevalier Bayard

BAYARD DÉFEND LE PONT DU GARIGLIANO. — 1. De quel côté du pont se trouvent les Français ? les Espagnols ? — 2. Pourquoi les Espagnols veulent-ils franchir le pont ? Comment sont-ils équipés ? Pourquoi les lames des piques ont-elles des crochets ? — 3. Pourquoi Bayard est-il seul ? A quoi voyez-vous qu'il est « sans peur » ? qu'il est un bon chevalier ? — 4. Comment est-il équipé ? Avons-nous déjà rencontré, dans notre livre, des chevaliers équipés à peu près de la même manière ? Lesquels ? Comment le cheval est-il protégé ? — 5. Que font les Français ? Qui est allé les prévenir ? leur équipement est-il différent de celui des Espagnols ?

1. Le page Bayard est choisi par le roi. — Bayard est né en Dauphiné, près de Grenoble (C). Tout jeune, il a voulu faire le métier des armes * : son père en a pleuré de joie. Bayard est vite devenu un cavalier accompli ; à seize ans il gagne son premier tournoi. Puis il entre au service * du duc de Savoie (C) qui le prend comme *page*.

Un jour, le roi **Charles VIII** passe en Savoie : il va à la guerre, en Italie (C). Le duc veut lui présenter Bayard : le jeune page arrive au grand galop et s'arrête net à trois pas du roi. Charles VIII, émerveillé, le prend à son service. Bayard accepte avec joie et fait un serment : « Je n'aurai plus que deux maîtres : Dieu dans le ciel et le roi de France sur terre ».

2. Bayard défend tout seul le pont du Garigliano. — Bayard est allé avec le roi en Italie : il se bat contre des armées espagnoles, venues au secours des princes italiens.

Un soir, l'armée française campe près d'une rivière, le **Garigliano** (C). Deux cents Espagnols s'approchent pour passer par le pont et surprendre les Français. Mais Bayard les aperçoit. Il saute à cheval et crie à son compagnon : « Allez chercher nos gens. Je tâcherai d'amuser les ennemis jusqu'à votre retour. » (×).

Bayard se bat farouchement ; les Espagnols ont peine à croire qu'il est un homme : ils disent que c'est un diable.

Quand son compagnon revient avec d'autres soldats Bayard est toujours maître du pont. Les Espagnols s'enfuient bientôt.

3. Bayard fait François Ier chevalier à Marignan. — François Ier, le nouveau roi de France, âgé de vingt ans, combat aussi en

Italie. Bayard est là, fidèle serviteur. Une grande bataille a lieu à **Marignan** en 1515. Le jeune roi montre un grand courage ; au soir de la victoire il demande à Bayard de le faire chevalier. « Sire, je ne suis pas digne de cet honneur », répond Bayard. Mais le roi insiste : « Je ne connais personne qui, mieux que vous, ait porté les éperons d'or du chevalier ». Alors Bayard, qui a admiré le courage de François Ier, le fait chevalier (×).

Que représente cette scène ? Où se passe-t-elle ? A quoi reconnaissez-vous le roi ? Que fait-il ? Que fait Bayard ? Que dit-il en ce moment ? Que font les deux pages à droite ? Quelle est l'image de votre livre qui vous rappelle cette scène ? (voir page 27)

Après la cérémonie il embrasse son épée en s'écriant : « Ah ! Comme tu es heureuse ma brave épée. Toujours tu seras gardée et honorée comme une relique ».

4. Bayard meurt fidèle à son roi et à Dieu.
— Pendant une retraite * des troupes françaises Bayard qui commande l'arrière-garde est mortellement blessé d'un coup d'arquebuse. On le porte sous un arbre ; il s'appuie contre le tronc, face à l'ennemi.

— Je n'ai jamais tourné le dos à l'ennemi, dit-il, je ne veux pas commencer le jour de ma mort.

Quelques instants après le connétable de Bourbon passe près de lui : c'est un grand seigneur qui a trahi * son roi et qui combat contre la France. Il plaint Bayard, mais celui-ci lui répond durement : « Je ne suis pas à plaindre car je meurs en homme de bien ; mais j'ai pitié de vous qui combattez contre votre roi et contre votre patrie ».

Puis, serrant son épée, Bayard meurt en priant Dieu.

CE QU'IL FAUT RETENIR

1re *Année*. — **Le Chevalier Bayard était courageux et fidèle à son roi. Il a fait François Ier chevalier après la grande victoire de Marignan.**

2e *Année*. — **Bayard a toujours servi Dieu et son roi. Pendant les guerres d'Italie il a défendu seul le pont du Garigliano.**
Le soir de la bataille de Marignan, en 1515, il a fait François Ier chevalier. Il est mort en donnant une belle leçon au connétable de Bourbon.

Qu'est-ce que le Duc de Savoie ? Pourquoi Charles VIII passe-t-il en Savoie ? Quel est le serment que fait Bayard à son roi ? Bayard a-t-il sauvé l'armée française au pont du Garigliano ? Pourquoi ? Qu'est-ce qu'un chevalier ? Pourquoi Bayard ne veut-il pas faire François Ier chevalier ? Pourquoi le connétable de Bourbon est-il un traître ?

COPIEZ (en complétant). — *1. ..... est né dans le..... Il entra au..... de..... VIII. Il a défendu le pont du..... contre les..... . — 2. ..... a été fait chevalier à..... en..... Le..... de..... est venu plaindre Bayard.*

31. - François Ier, le roi chevalier

UN BAL A LA COUR DE FRANÇOIS Ier. — 1. **Où est le roi ? A quel détail de son visage pouvez-vous le reconnaître ? Où l'avez-vous déjà vu, dans votre livre ? Pouvez-vous dire pourquoi on l'appelle le roi chevalier ? Quelle est la couleur de ses chausses ? de son pourpoint ?** — 2. **Comment sont habillés les autres hommes ? Comment les dames sont-elles vêtues ? Décrivez le costume de la dame qui danse avec le roi et de celle qui est debout, tout à gauche de l'image.** — 3. **Comment sont placés les danseurs ? Comment se tiennent-ils ? De quel instrument les musiciens jouent-ils ? Qui jouait déjà à l'époque des seigneurs ?** — 4. **Cette longue salle du château de Fontainebleau est appelée la galerie François Ier : Quelles différences y a-t-il entre cette salle et celle du château fort, à la page 25.** — 5. **Que remarquez-vous aux murs ? La galerie est-elle bien éclairée ? Pourquoi ? Comment est fait le plancher ? le plafond ?**

1. François Ier et sa Cour. — François Ier est le plus beau prince de son époque ; il aime les habits luxueux *, les *chausses* collantes moulent ses jambes ; par les ouvertures de son *pourpoint* de velours et de ses manches bouffe une chemise de soie brodée. Examinons son costume (×).

Le roi aime aussi les plaisirs. Il demande aux seigneurs, qu'on appelle maintenant des *gentilshommes*, de vivre près de lui, dans son château. Tous ces gentilshommes et leurs dames forment la *Cour du roi* : ils sont là pour distraire, servir et honorer leur souverain. Ce sont des *courtisans*.

La Cour suit le roi à la chasse ; elle assiste avec lui aux tournois, au jeu de paume, aux bals. Elle l'accompagne quand il change de château. Mais cette vie de plaisir coûte très

cher. Le roi doit aider ses gentilshommes en leur accordant de temps en temps une *pension*, c'est-à-dire une somme d'argent. (×)

2. François Ier fait la guerre contre Charles-Quint. — Charles-Quint possède un immense empire. Il est maître de l'Autriche, de l'Allemagne, de l'Espagne, de la Belgique, de la Hollande et d'une partie de l'Amérique (C). C'est pourquoi il dit avec orgueil : « Le soleil ne se couche pas sur mon empire ».

Pourtant Charles-Quint veut encore que le roi de France lui donne la belle province de Bourgogne. François Ier refuse. La guerre éclate. Les armées des deux princes se rencontrent en Italie à **Pavie** (C) (1525). Les Français sont sur le point de remporter la victoire. Mais François Ier est très imprudent. Il s'élance devant ses canons. Il faut alors arrêter de tirer pour ne pas tuer le roi. L'ennemi en profite ; il s'avance ; bientôt François Ier est encerclé. Il se défend vaillamment, mais son cheval est blessé ; le roi tombe et est fait prisonnier. Charles-Quint va le garder en prison à Madrid (C) pendant un an.

Quand François Ier est libéré, il reprend la lutte ; celle-ci se poursuit pendant tout son règne *. Mais c'est Henri II, le fils de François Ier, qui terminera la guerre par la victoire française et le traité * de Cateau-Cambrésis (C).

3. François Ier est l'ami des écrivains et des artistes. — Aujourd'hui François Ier va poser * devant le plus grand peintre de son règne : **Clouet**. Pendant que l'artiste peint, le poète de la Cour **Clément Marot** lit une poésie qu'il a écrite pour le roi (×).

Que représente cette image ? Comment pouvez-vous reconnaître le roi ? Comment se nomme le peintre ? Que lit le personnage à gauche du roi ? Qui est-il ? Que sont tous les personnages qui restent debout ? Pourquoi sont-ils ici ? Décrivez le costume du roi, celui de Marot, celui du fou qui se trouve à droite du roi.

Puis, après la lecture, François Ier bavarde familièrement avec Clouet et Marot ; le roi aime beaucoup la compagnie des artistes et

des écrivains, car il est instruit. Il les protège aussi en leur donnant des pensions qui les aident à vivre. C'est pourquoi on a appelé François Ier « le père des arts et des lettres ».

Pendant son règne et celui de son fils **Henri II** il y a eu de nombreux écrivains, comme **Montaigne**, de grands poètes comme **Ronsard** et beaucoup d'artistes comme **Pierre Lescot** et **Jean Goujon**.

32. - A Chambord, château de la Loire

R.Bresson

DÉPART POUR LA CHASSE A CHAMBORD. — 1. Le château est-il sur une colline comme le château fort du seigneur Renaud ? N'y a-t-il pas une petite rivière qui passe près du château ? Où ? A quoi peut servir cette rivière ? — 2. Le château de Chambord est-il une forteresse ? Qu'est-ce qui rappelle le château fort ? Quelle est la différence très importante entre le château fort et le château de la Renaissance ? — 3. Les salles de ce château sont-elles aussi sombres que les salles du château fort ? Pourquoi ? — 4. Qu'est-ce qui est le plus richement décoré dans ce château ? Cherchez les cheminées, les tourelles, les lucarnes, la lanterne centrale. A quoi voyez-vous qu'il y a une terrasse sur le toit ? — 5. Qu'y a-t-il autour du château ? Pourquoi ? — 6. Où les cavaliers vont-ils à la chasse ? Reconnaissez-vous le roi ? Par qui les chasseurs sont-ils accompagnés ? Que font les dames sur la terrasse ? — 7. Réfléchissez bien : à quoi voyez-vous que le château de Chambord est un château de plaisance ?

1. Pourquoi construit-on de beaux châteaux ? — Maintenant, le roi est très puissant : avec ses armées il assure la paix à son royaume. Les seigneurs n'ont plus à se défendre contre les envahisseurs. D'ailleurs le château fort n'est plus un abri sûr : il est facilement abattu avec les canons.

Aussi, puisqu'il n'est plus nécessaire d'y habiter, les seigneurs abandonnent les salles sombres des châteaux féodaux ; ils se font construire des demeures plaisantes, comme ils en ont vu en Italie.

Ils choisissent des lieux agréables au bord d'une rivière ou près d'une forêt. Beaucoup de seigneurs et le roi François Ier lui-même ont construit leurs nouveaux châteaux **au bord de la Loire,** dans ce beau pays que les poètes ont appelé « le jardin de la France » (C).

On appelle l'époque des beaux châteaux la **Renaissance.**

2. Le château de Chambord (C). — Tout est fait dans ce magnifique château pour rendre le séjour agréable. Les murs sont percés d'innombrables *fenêtres* qui éclairent abondamment les salles. Sur la *terrasse*, on peut circuler entre les *cheminées* et les *tourelles* richement sculptées ; c'est là que viennent les dames pour suivre de loin les chasses du roi et des courtisans à travers la forêt (×).

Entrons. La grande merveille du château est un *escalier en spirale* *. Au total nous allons monter ou descendre treize grands escaliers ; il faudra traverser trois cent soixante cinq salles ayant chacune une cheminée décorée de sculptures.

3. La vie agréable au château de Chambord. — Quand le roi vient à Chambord, le château est soudain très animé. Des seigneurs du voisinage arrivent ou repartent, des cavaliers circulent.

Le roi va à la *chasse* au cerf dans la forêt qui entoure le château. Tout le jour on entend les aboiements des meutes *. Puis, au soir, la campagne s'apaise.

Au château, les salles sont illuminées : d'innombrables cierges, des lampes à huile et des torches font resplendir les riches décorations et les costumes scintillants. Le roi donne un *banquet* ; puis il assiste à un *concert*, avec toute sa cour ; ou bien il donne un bal et ouvre lui-même la danse : on danse la *gavotte*, le *menuet*.

4. François Ier se rend au château de Fontainebleau. — Le roi aime beaucoup changer de résidence : il va d'un château à l'autre, avec toute la Cour. C'est un voyage étonnant : on emporte tous les costumes, la vaisselle et même les meubles dont le roi peut avoir besoin. Il faut des milliers de chevaux, d'innombrables voitures, des litières pour les dames (×).

Comment voyageait-on à l'époque de la Renaissance ? Décrivez le coche, la litière ? A quoi reconnaissez-vous un ancien château fort, au fond ? Comment a-t-il été transformé ? Quels instruments utilisent les paysans ?

Lorsque le voyage dure plusieurs jours, toute la caravane campe * le soir, sous les tentes dressées le long de la route.

Aujourd'hui le roi est arrivé à Fontainebleau (C), où il a fait construire un autre château de la Renaissance. Ce château n'est pas comme le château de Chambord ; il est surtout décoré à l'intérieur, comme nous l'avons vu à la page 66.

R. Bresson

CE QU'IL FAUT RETENIR

1re *Année.* — **A l'époque de la Renaissance, les seigneurs ont construit de beaux châteaux au bord de la Loire. François Ier allait souvent au château de Chambord ou de Fontainebleau.**

2e *Année.* — **Les châteaux de la Renaissance sont des demeures plaisantes, richement décorées, comme les châteaux de Chambord et de Fontainebleau.**
François Ier va de château en château avec toute sa cour. Au château, il donne des fêtes, des bals, ou bien il va à la chasse dans la forêt voisine.

Pourquoi n'est-il plus utile de construire des châteaux forts ? Où sont construits la plupart des châteaux de la Renaissance ? Pourquoi ? Pourquoi les nouveaux châteaux sont-ils plus agréables à habiter ? Qu'est-ce que l'on peut voir dans les châteaux de la Renaissance ? Comment vit le roi dans ces châteaux ?

COPIEZ (en complétant). — *I. Les châteaux de la R..... sont construits au bord d'une..... ou près d'une..... Les murs sont percés de nombreuses..... . — 2. Les salles sont décorées de belles sc..... et de grandes ch..... François Ier allait souvent à..... et à.....*

33. - Les guerres de religion

R.Bresson

LE COLLOQUE DE POISSY. — 1. Regardez la salle : A quoi reconnaissez-vous une salle de monastère. — 2. Où se trouve le trône ? Pourquoi y a-t-il deux places ? Décrivez le trône et le dais. Quels sont les trois personnages qui se trouvent sous le dais ? Dites leurs noms ? — 3. Où se trouvent les catholiques ? les protestants ? Décrivez les costumes des catholiques et des protestants ? 4. Par qui ont-ils été réunis ? Pourquoi ? Que font-ils en ce moment ? Pourquoi ne peuvent-ils pas s'entendre ? Que fait le personnage assis à la table du fond ?

1. Les catholiques et les protestants se détestent. — A l'époque de François Ier les chrétiens ne s'entendent plus comme au moyen âge ; la plupart restent **catholiques**, mais il y en a certains qui deviennent **protestants** : ils ne veulent plus prier ni la Sainte Vierge ni les saints, ils refusent d'obéir au pape et aux évêques ; ils refusent aussi de reconnaître que Jésus est vraiment présent dans l'Eucharistie.

Aussi les protestants et les catholiques ne peuvent plus se supporter : ils finissent par se détester jusqu'à se menacer de mort les uns les autres. Ils oublient que Jésus a prêché la douceur et la bonté.

Les protestants ont pour chef l'**amiral de Coligny** ; les catholiques sont dirigés par les **ducs de Guise**. Ils se battent les uns contre les autres : ce sont les **guerres de religion**.

2. Michel de l'Hôpital essaie de réconcilier les catholiques et les protestants. — Michel de l'Hôpital est le *chancelier* du roi, c'est-à-dire le maître de la justice. Il voudrait empêcher la guerre entre les catholiques et les protestants : « Vous êtes tous des chrétiens et des Français, leur dit-il, vous ne devez pas vous entretuer ».

Sur son conseil, **Catherine de Médicis**, la mère du jeune roi **Charles IX**, réunit, les protestants et les catholiques à **Poissy** près de Paris (C). Il leur demande de faire un effort pour se réconcilier * ou pour se supporter (×). Mais il ne réussit pas. La guerre recommence.

Entre Catholiques et protestants il n'est plus seulement question de croyances : maintenant les uns et les autres cherchent à se rendre maître du pays.

Dans toute la France les ennemis commettent des crimes horribles : des hommes sont pendus d'autres sont assassinés.

3. Le massacre de la Saint-Barthélemy (24 août 1572). — Pourtant la guerre s'apaise un moment : Coligny devient l'ami de Charles IX. Mais Catherine de Médicis est jalouse car elle veut que son fils n'écoute que ses conseils. Elle cherche à se débarrasser du chef des protestants ; elle fait croire au roi que les protestants préparent un complot * contre lui et veulent l'assassiner. Après bien des hésitations Charles IX cède à sa mère et ordonne de tuer tous les protestants qui se trouvent à Paris.

Aussitôt le massacre commence. Dans la nuit du 24 août des catholiques fanatiques se précipitent dans les maisons des protestants. L'amiral de Coligny est assassiné et basculé par la fenêtre ; on tue jusqu'à des femmes et des enfants. Les corps sont jetés dans la Seine.

Quand le jour se lève, Charles IX est épouvanté devant les horreurs qu'il voit dans les rues. Il mourra deux ans après, torturé par de terribles remords.

4. Les guerres de religion ont ruiné la France. — Beaucoup de pays ont été saccagés. Celui qui fait un voyage à travers la France voit partout des villages brûlés, des maisons en ruines, des ponts écroulés ; les chemins sont creusés d'ornières profondes, les champs ne sont plus cultivés.

A Paris l'herbe pousse dans les rues. Des paysans affamés viennent en foule dans l'espoir d'y trouver de la nourriture. L'Hôtel-Dieu est rempli de malades.

Les Français, en se battant entre eux, ont ruiné leur pays. Ce n'est plus notre beau pays c'est le cadavre de la France (×).

Voyez un village où les catholiques et les protestants se sont battus? Cherchez ce qui a été détruit. Les champs sont-ils cultivés? Pourquoi?

CE QU'IL FAUT RETENIR

1re *Année.* — **Les guerres de religion sont des guerres entre catholiques et protestants. Beaucoup de crimes furent commis. Le plus horrible est celui de la Saint-Barthélemy.**

2e *Année.* — **Michel de l'Hôpital essaya d'arrêter les guerres de religion en réunissant les catholiques et les protestants au colloque de Poissy. Mais le massacre de la Saint-Barthélemy (1572), voulu par Catherine de Médicis, déclencha une guerre plus atroce encore qui ruina la France.**

Pourquoi les chrétiens ne s'entendaient-ils plus ? Avaient-ils raison de se détester ? Pourquoi ? Qu'est-ce que le chancelier Michel de l'Hôpital leur disait ? Cherchez le 24 août sur un calendrier; pourquoi donne-t-on au massacre le nom de Saint-Barthélemy ? Qui a voulu ce massacre ?

COPIEZ (en complétant). — *I. Les..... ne veulent pas prier la Sainte..... Le ch..... Michel de l'.... a voulu..... les catholiques et les protestants. — 2. Le roi..... a cédé à sa mère..... de..... Il a permis le..... de la Saint.....*

34. - Henri IV et Sully

LA FRANCE REDEVIENT BELLE SOUS HENRI IV. — 1. Reconnaissez-vous ce village ? Regardez à la page 71. — 2. Quels changements remarquez-vous ? — 3. Quels travaux les paysans font-ils dans les champs ? Le paysan a-t-il plaisir à travailler ? — 4. La route est-elle entretenue ? Comment transporte-t-on les marchandises ? — 5. Derrière le village Sully a fait creuser un canal. Pourquoi ? — 6. Réfléchissez : Pourquoi la France est-elle plus heureuse au temps de Henri IV ?

1. Henri IV doit conquérir son royaume. — Le nouveau roi de France Henri IV, est protestant. La plupart des Français sont restés catholiques ; aussi ils refusent d'obéir à Henri IV. Le roi va essayer de battre l'armée des catholiques.

Ses soldats ne sont pas nombreux mais il sait leur donner du courage. Avant la bataille il leur dit : « Ralliez-vous à mon panache * blanc, vous le trouverez toujours sur le chemin de l'honneur ».

Ses soldats le suivent et remportent la victoire à Arques et à Ivry (C).

2. Henri IV se fait catholique et entre à Paris. — Henri IV voudrait bien entrer à Paris : mais les Parisiens, qui sont catholiques, lui ferment les portes. Le roi doit faire le siège de la ville (×).

Qu'y a-t-il dans la voiture ? Qu'est-ce que Henri IV veut faire de ces pains ? Pourquoi ?

Comment ces pains sont-ils montés en haut des murailles? Pourquoi Henri IV ne peut-il entrer à Paris ?

Ses amis lui reprochent sa bonté quand il envoie de la nourriture aux Parisiens. Il leur répond : « J'aimerais mieux n'avoir jamais Paris que de l'avoir ruiné par la mort de tant de personnes ».

Après de longs mois Henri IV n'a toujours pas pu entrer dans la ville. Le roi comprend qu'il ne pourra pas devenir roi de France s'il reste protestant. Il étudie la religion catholique puis il se convertit. Au cours d'une belle cérémonie, dans la cathédrale de **Saint-Denis**, il déclare qu'il est catholique.

Alors, c'est la joie dans tout Paris. La capitale ouvre ses portes. Henri IV avance dans les rues, acclamé par le peuple qui se souvient de sa bonté.

3. Henri IV est aidé par son ministre Sully. — Le roi fait la paix entre les catholiques et les protestants. Il permet aux protestants de se réunir au temple ; il leur promet qu'ils ne seront plus inquiétés : c'est l'**Edit** * **de Nantes** (1598).

Puis Henri IV a demandé à son ami Sully de l'aider à rendre la France de nouveau riche et belle. Sully est un grand travailleur. Chaque jour il se lève à quatre heures du matin, hiver comme été, et se met au travail.

Il veut d'abord protéger les paysans : « Labourage et pâturage sont les deux mamelles de la France », dit-il souvent. Il interdit qu'on prenne les outils et les animaux des paysans qui n'ont pas pu payer leurs impôts. Henri IV lui-même veut que le paysan puisse mettre la poule au pot tous les dimanches (×).

Henri IV aide aussi les fabriques de soie à Lyon et à Tours ; c'est lui qui a porté les premiers bas de soie fabriqués en France.

4. Henri IV meurt assassiné par Ravaillac, en 1610. — Hélas, le bonheur de la France ne va pas durer. Un jour, le roi roule en carrosse dans une rue de Paris. Un misérable, appelé **Ravaillac**, se précipite sur lui et lui donne un coup de couteau. Le roi meurt quelques instants après. En apprenant cette affreuse nouvelle tout le monde a pleuré **« le bon roi Henri »**.

Où se trouve le carrosse du roi ? Pourquoi est-il arrêté ? Décrivez le roi. Le roi a-t-il une garde ? Pourquoi ? Que font les personnages ?

CE QU'IL FAUT RETENIR

1re *Année.* — **Henri IV s'est converti à la religion catholique. Il est devenu roi de France. Aidé par son ministre Sully il a rendu les paysans plus heureux.**

2e *Année.* — **Henri IV a dû conquérir son royaume. Paris lui a ouvert ses portes quand il se fut converti au catholicisme.**

Henri IV a fait la paix avec les protestants par l'Edit de Nantes. Avec son ami Sully il a rendu la France plus prospère. Mais il a été assassiné par Ravaillac en 1610.

Pourquoi Henri IV a-t-il dû faire la guerre pour être maître de son royaume ? Pourquoi les Parisiens ne veulent-ils pas lui ouvrir les portes de la ville ? A quoi voyez-vous que Henri IV est courageux et bon ? Qu'est-ce que l'Edit de Nantes ? Pourquoi le paysan est-il plus heureux ?

COPIEZ (en complétant). — I. ..... a remporté la victoire à..... et à..... Il s'est fait catholique à la cathédrale de..... . — 2. Les..... sont protégés par l'Edit de..... Henri IV a eu..... pour ministre.

35. - Richelieu

RICHELIEU FAIT LE SIÈGE DE LA ROCHELLE. — 1. Pourquoi le cardinal de Richelieu fait-il le siège de la Rochelle qui est une ville française ? Regardez l'image : à quoi voyez-vous que la Rochelle est une place forte ? — 2. Pourquoi des bateaux anglais sont-ils venus ? Pourquoi ne peuvent-ils pas entrer dans le port ? — 3. Où sont les troupes françaises ? Voyez-vous les tentes de leur camp ? — 4. Dans les trois personnages qui se trouvent devant, sur la digue, reconnaissez le roi Louis XIII, le cardinal de Richelieu et le chef des armées. Richelieu est-il habillé en cardinal ? Qu'est-ce qui rappelle, dans son costume, qu'il est cardinal ? Que montre-t-il aux deux autres personnages ? — 5. Les navires qui se trouvent dans le port ressemblent-ils aux navires des Anglais ? Quels sont les voiliers ? Quelles sont les galères ? Qui les fait avancer ?

Le fils de Henri IV, **Louis XIII**, prend comme ministre le cardinal de Richelieu.

1. Richelieu a une volonté de fer *.

Avant de devenir ministre, Richelieu est d'abord évêque de Luçon, en Vendée (C).

Malgré sa très mauvaise santé, malgré ses maux de tête très fréquents, malgré ses rhumatismes, il parcourt les chemins boueux de son évêché parce qu'il veut tout voir lui-même. Plus tard, il se fera transporter en litière * pour surveiller et commander les armées.

Devenu ministre, il promet à Louis XIII d'obliger tout le monde à obéir au roi. Il a une volonté de fer, jamais il ne se décourage. Il dit lui-même : « Je réfléchis longtemps avant de prendre une décision : mais lorsque j'ai pris mon parti, je vais droit à mon but, je fauche tout et je couvre tout de ma robe rouge ».

2. Richelieu veut que les protestants obéissent au roi.

Depuis l'édit de Nantes les protestants possèdent plusieurs villes en France ; ils peuvent aller au temple sans être inquiétés. Ils ont aussi formé des armées avec des chefs militaires. De cette manière ils sont devenus très puissants et ils ne se soumettent pas toujours au roi.

Richelieu veut en finir : il les attaque dans leurs places fortes * et met le siège devant **La Rochelle** (C). Il fait construire une digue pour empêcher les bateaux anglais de ravitailler les assiégés (×).

Les protestants se défendent farouchement

.pendant quatorze mois. Mais ils meurent de faim par milliers ; leur chef Guiton essaie de tenir encore : « J'enfoncerai mon poignard dans le cœur de celui qui parlera de se rendre », dit-il un jour *.

Pourtant il est obligé de capituler : il remet lui-même les clés de la ville au Cardinal et à Louis XIII, en signe de soumission.

Richelieu accorde la **grâce** * d'Alais (C) aux protestants : il les autorise à pratiquer leur religion ; mais ils n'auront plus le droit d'avoir des armées et le Cardinal leur enlève toutes leurs places fortes.

3. Richelieu veut que les nobles obéissent au roi. — Louis XIII, à la mort de son père Henri IV, n'avait que neuf ans. Les seigneurs en ont profité pour agir à leur guise. Quand Richelieu devient ministre il veut que les gentilshommes soient soumis. Mais beaucoup de ceux-ci refusent d'obéir. Richelieu est inflexible * : il les punit, même quand il s'agit d'un grand seigneur.

Un jour, Richelieu interdit de se battre en duel * : le comte de Boutteville vient se battre sous les fenêtres du Cardinal (×). Richelieu le fait arrêter et décapiter *.

Une autre fois, Richelieu apprend qu'on a essayé de se débarrasser de lui. Il connaît les gentilshommes qui ont comploté : Cinq Mars, le favori * du roi Louis XIII et son

ami de Thou. Le Cardinal est inflexible : il les fait décapiter tous les deux. Aussi les gentilshommes comprennent qu'ils doivent obéir aux décisions royales.

Qu'est-ce qu'un duel ? Que font les quatre personnages qui regardent les duellistes ? Apercevez-vous Richelieu ? Pourquoi les gentilshommes viennent se battre sous ses fenêtres ?

A.Bresson

CE QU'IL FAUT RETENIR

1re *Année.* — **Le Cardinal de Richelieu a été le ministre de Louis XIII. Il a obligé les protestants et les nobles à obéir au roi.**

2e *Année.* — **Le Cardinal de Richelieu a été le ministre de Louis XIII. Il a été inflexible et a voulu que tout le monde obéisse au roi.**

Il a assiégé les protestants dans La Rochelle, puis il leur a accordé la grâce d'Alais. Il a puni durement les nobles qui se battaient en duel.

A quoi voyez-vous que Richelieu avait beaucoup de volonté ? Quelle promesse a-t-il faite à Louis XIII ? Que veut dire « je fauche tout et je couvre tout de ma robe rouge » ? Pourquoi a-t-il fait la guerre aux protestants ? A-t-il été très dur envers eux ? Pourquoi les nobles avaient-ils pris l'habitude de désobéir au roi ? Qu'est-ce qu'un duel ?

COPIEZ (en complétant). — 1. ..... *était évêque de..... Il est devenu ministre de..... Il a fait le..... de..... contre les protestants.* — 2. *Le..... de Richelieu a interdit le..... Il a fait décapiter..... et son ami de.....*

36. - Saint Vincent de Paul

SAINT VINCENT AU SECOURS DES MALHEUREUX. — 1. Où est Saint Vincent ? Comment est-il vêtu ? Que porte-t-il ? A qui est cet enfant ? Que va faire Saint Vincent ? — 2. A gauche, vous voyez la porte du couvent Saint-Lazare : Que font les deux « Filles de la Charité » à la porte du couvent ? Pourquoi Saint Vincent fait-il distribuer de la soupe ? Expliquez pourquoi la misère est très grande à cette époque. Décrivez les malheureux qui attendent. — 3. Que porte la « Fille de la Charité » au centre de l'image ? Où va-t-elle ?

1. Le peuple est très malheureux à l'époque de la Fronde.

Après la mort de Richelieu, le nouveau roi, **Louis XIV**, n'est encore qu'un enfant. Beaucoup de nobles, conduits par des princes * ambitieux, en profitent pour refuser de lui obéir : cette révolte s'appelle **la Fronde**.

Le jeune roi est obligé de s'enfuir de Paris, en pleine nuit d'hiver, pour échapper aux révoltés. Il se réfugie au château de Saint-Germain, avec sa mère et **le ministre Mazarin**.

Les armées fidèles au roi font la guerre aux troupes des princes. Comme au temps des guerres de religion la France est saccagée : des hommes sont massacrés, des récoltes sont brûlées, beaucoup de gens affamés mangent de l'herbe, de la paille et même de l'écorce. Dans les villes, les boutiques sont fermées ; des mendiants en grand nombre gémissent dans les rues. Les hôpitaux sont remplis de malades. Beaucoup de bébés sont abandonnés sur les marches des églises.

2. Monsieur Vincent veut secourir les malheureux.

Vincent de Paul était né dans un petit village des Landes (C). Il a passé son enfance à garder les moutons de ses parents. Mais, de bonne heure, il a voulu s'instruire et devenir prêtre. Ses parents l'envoyèrent au collège ; quelques années plus tard, Vincent devint prêtre.

Depuis il visite chaque jour les pauvres ; c'est un apôtre infatigable qui veut faire mieux aimer le bon Dieu. Des nobles, qui ont oublié Dieu, sont touchés par la douceur et la bonté de Vincent de Paul. Partout on l'appelle **« Monsieur Vincent »**.

3. Saint Vincent de Paul fonde des œuvres de charité *.

Beaucoup de femmes veulent aider saint Vincent de Paul.

Saint Vincent les réunit à Paris et leur donne un nom : **Les Filles de la Charité** (que nous appelons aujourd'hui les *Sœurs de Saint-Vincent-de-Paul*) ; leur supérieure est une grande dame noble, Louise de Marillac.

Les *Filles de la Charité* élèvent les enfants trouvés dans la rue par Monsieur Vincent (×); ce sont elles aussi qui soignent les vieillards recueillis dans un hospice fondé par saint Vincent.

Les *Filles de la Charité* rendent encore visite aux malades et font leurs soins ; elles apportent de la nourriture aux familles trop pauvres (×). En même temps, elles parlent du bon Dieu et obtiennent de nombreuses conversions.

Que vient faire la « Fille de la Charité »? Qu'apporte-t-elle? Pourqoi ces braves gens sont-ils très malheureux ? Décrivez ce que vous voyez dans la maison.

4. Saint Vincent de Paul secourt les provinces dévastées. — Saint Vincent ne fait pas seulement la charité à Paris. Quand il apprend qu'une province a été saccagée par la guerre, vite il envoie des secours.

En Lorraine, en Champagne, en Artois (C) il fait porter et distribuer de la nourriture, des vêtements, des outils, des semences.

Quand Paris est ravagé par les misères de la Fronde, saint Vincent fait venir du blé, du pain, du vin des différentes provinces.

Ce magnifique dévouement a valu à saint Vincent le beau nom de « *Père de la Patrie* ». Aussi, quand le roi Louis XIV et son ministre Mazarin sont de nouveau maîtres du royaume, quand la Fronde est terminée, tout le monde admire et aime « *le bon Monsieur Vincent* ».

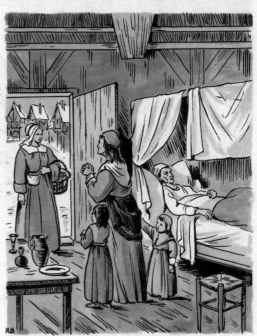

37. - Louis XIV, le Roi Soleil

LE LEVER DE LOUIS XIV. — 1. Quelle heure est-il à ce moment ? Où est le roi ? En quelle tenue est-il ? Que fait le personnage qui se trouve derrière lui ? — 2. Quel objet lui présente chacun des trois autres personnages, au centre de l'image ? — 3. Quels sont les personnages qui se trouvent à droite ? Pourquoi sont-ils là ? Que font les trois premiers courtisans ? — 4. Reconnaissez les différentes parties du costume des courtisans : souliers, bas, haut de chausse, justaucorps, perruque. — 5. Décrivez la chambre de Louis XIV : comment les murs sont-ils décorés ? Quelles sont les parties du lit ? Pourquoi y a-t-il une balustrade ?

Louis XIV est le plus glorieux de tous les rois de France. Il règne 1661 à 1715.

1. Louis XIV a été surnommé le Roi Soleil. — Son *air majestueux* en impose à tout le monde ; les courtisans l'admirent et lui parlent avec respect. Lui-même ne se permet jamais un mensonge, ni une plaisanterie à l'adresse d'une personne. Il est extrêmement *poli* et il soulève son chapeau devant toutes les dames qui passent.

Mais Louis XIV est aussi *orgueilleux* ; il veut être le plus grand roi de l'Europe. Quand les ministres lui demandent, après la mort de Mazarin, à qui ils devront s'adresser, le roi répond : « A moi ».

Il a pris lui-même comme emblème * le *soleil*, c'est-à-dire l'astre le plus resplendissant : c'est pourquoi on l'appelle le **Roi-Soleil**.

2. Le lever du roi. — Tout ce que fait Louis XIV, il le fait en présence de la Cour. C'est ainsi que les courtisans, dès le matin, assistent au lever du roi comme à une grande cérémonie.

A huit heures le valet entre dans la chambre et dit : « Sire, voici l'heure ». Il va ouvrir la porte pour laisser entrer quelques grands personnages : le frère et les enfants du roi, des gentilshommes et le Grand Maître de la garde-robe ; le roi reste en prière, puis descend de son lit et passe une magnifique robe de chambre. Ensuite on ouvre la porte une seconde fois ; de nouveaux personnages entrent pour voir le barbier mettre une *perruque* au roi. Enfin la porte est ouverte une troisième fois : tous les courtisans sont maintenant admis dans la chambre.

Le roi s'habille. Son fils lui présente sa chemise de jour. Puis de grands seigneurs lui

— 78 —

apporte l'un après l'autre, son *haut-de-chausse* (ou culotte), son épée, son *justaucorps* (ou veste), sa cravate. Enfin le Grand Maître de la garde-robe présente au roi son chapeau, ses gants et sa canne (×).

3. Louis XIV fait son « métier de roi ». — Chaque journée du roi est réglée comme une pendule : à toute heure on peut savoir ce que fait Louis XIV car il fait chaque jour la même chose. Etre roi c'est, pour lui, un véritable métier.

Après le lever, il passe dans son cabinet particulier, il bavarde avec ses enfants, discute avec ses architectes Mansart et Le Nôtre qui construisent le château de Versailles (C). Puis il se rend à la chapelle entre deux rangées de courtisans ; il assiste à la messe.

En revenant de la chapelle, il assiste au Conseil * de ses ministres, avec Colbert ; le roi prend connaissance des affaires * du pays et donne des ordres (×).

Reconnaissez-vous le roi ? Décrivez-le. Que regarde-t-il sur la table ? Pourquoi discute-t-il avec ses ministres et ses architectes ?

Ensuite il se met à table, la plupart du temps seul ; ici encore il est servi en grande cérémonie, chaque plat est apporté par un courtisan, escorté de gardes.

Après le repas, Louis XIV va en promenade dans les jardins du château ou bien il part à la chasse, toujours accompagné d'une foule de courtisans. A son retour il reçoit encore ses ministres. Puis il passe quelques instants avec sa famille. La soirée s'achève très tard par un divertissement : bavardage, jeux de salon, théâtre ou bal. A minuit, le coucher du roi a lieu de la même manière que son lever.

A. Bresson.

CE QU'IL FAUT RETENIR

1re *Année*. — **Louis XIV est le plus glorieux des rois de France. On l'a surnommé le Roi-Soleil. Les courtisans sont toujours présents à ses côtés.**

2e *Année*. — **Louis XIV, surnommé le Roi-Soleil, est le plus glorieux des rois de France. La cour assiste à toutes ses actions importantes de la journée.**
Louis XIV fait son métier de roi consciencieusement. Chaque matin il travaille avec ses ministres, l'après-midi il se promène ou il chasse ; la soirée est réservée aux divertissements.

Qu'est-ce qu'un courtisan ? Que fait-il ? Comment s'appelle l'argent que le roi lui donne ? Pourquoi Louis XIV est-il surnommé le Roi-Soleil ? Quelles sont les heures du lever et du coucher du roi ? Quand le roi travaille-t-il avec ses ministres ? Quand est-il avec sa famille ? Quels sont les plaisirs et les divertissements du roi ?

COPIEZ (en complétant). — 1. ..... a un air majestueux ; mais il est très..... La..... est formée par tous les courtisans. — 2. Les..... honorent et servent le..... Louis XIV travaille avec ses..... Après le repas il va en..... ou à la.....

38. - Au château de Versailles

R. Bresson

LOUIS XIV SORT DU CHÂTEAU DE VERSAILLES. — 1. Pourquoi Louis XIV est-il venu habiter à Versailles ? Le château de Versailles rappelle-t-il un château fort ou un château de la Renaissance ? Pourquoi ? — 2. Regardez le carrosse de Louis XIV : ressemble-t-il au coche du temps de François Iᵉʳ ? au carrosse de Henri IV ? A quoi reconnaissez-vous le carrosse du « Roi Soleil » ? Comptez les chevaux de l'attelage ? Comment sont-ils conduits ? Que font les deux laquais derrière le carrosse ? — 3. Regardez à droite une chaise à porteurs : décrivez-la.

1. Louis XIV fait construire le plus beau château du monde. — Le roi n'aime pas vivre à Paris, où les rues sont étroites et les odeurs désagréables. Il fait construire à Versailles (C) un magnifique château.

Les architectes **Le Vau** et **Mansart** ont dirigé la construction des bâtiments. A certains moments on a pu voir trente-six mille hommes et six mille chevaux qui remuaient la terre, transportaient des blocs de pierre ou de beau marbre (×).

2. Les salles du château sont richement décorées. — Nous voici dans le château. Admirons le travail merveilleux des sculpteurs, comme **Pierre Puget**, et des peintres, comme **Le Brun** qui ont orné les salles que nous traversons.

Voici les appartements du roi, puis ceux de la reine : sur tous les murs il y a des *peintures* ou des *tapisseries* ; les portes sont déco-rées de dorures et de sculptures qui représentent des couronnes et des soleils.

Puis nous voici dans la célèbre **Galerie des glaces** ; Louis XIV y reçoit les ambassadeurs et y donne des fêtes splendides.

3. Le parc de Versailles est un jardin à la française. — Après son déjeuner le roi sort du château. Suivons-le. Le voici sur les terrasses. Il découvre l'immense parc qui est l'œuvre de **Le Nôtre**. Puis il descend un grand escalier et suit l'une des *belles allées* tracées à travers les *bosquets* (×).

Reconnaissez, sur la gravure de la page suivante : les parterres, les bosquets, les bassins. Que voyez-vous le long des allées ? Que font les courtisans dans ces jardins ?

Louis XIV s'arrête pour admirer, de chaque côté, des *vases* de marbre et de bronze, ou des *statues*. Il arrive devant une *fontaine*, ornée de sculptures gracieuses ; il passe près d'un *bassin* au milieu duquel jaillit un *jet d'eau*.

4. Louis XIV donne des fêtes splendides à Versailles. — Il y a quelques jours, dans la Galerie des glaces, la troupe théâtrale * du comédien **Molière** a donné une représentation * ; le roi aime aussi beaucoup les pièces de l'écrivain **Jean Racine.**

Ce soir, il y a bal : des centaines de bougies illuminent la salle et font scintiller les miroirs et les lustres. Les courtisans et le roi lui-même dansent des ballets au son des vio-

lons qui jouent les airs de **Lulli,** le grand musicien du roi (×).

Que vous rappelle cette scène? Cherchez dans les leçons que vous avez étudiées : quel est le premier roi qui s'est entouré d'une cour ? Que jouent les musiciens ? Décrivez les costumes des deux danseurs.

Aux beaux jours Louis XIV donne des spectacles dans les jardins : promenades en gondoles sur les grands bassins, cavalcades dans les allées, feux d'artifices le soir. Alors les *grandes eaux* fonctionnent : dans tous les bassins jaillissent des milliers de jets d'eau.

CE QU'IL FAUT RETENIR

1re *Année.* — **Louis XIV a fait construire le magnifique château de Versailles. Il donne des fêtes splendides dans la Galerie des glaces ou dans le parc du château.**

2e *Année.* — **Louis XIV a fait construire le château de Versailles par les architectes Le Vau et Mansart. Le sculpteur Pierre Puget et le peintre Le Brun ont décoré les salles.**
Le parc est un jardin à la française tracé par Le Nôtre. La Cour se divertit en écoutant les pièces de Molière ou de Racine, et la musique de Lulli.

Comment les salles du château sont-elles décorées ? Pourquoi appelle-t-on la plus grande salle la Galerie des glaces ? A quoi servait-elle ? Qu'est-ce que l'on trouve le long des allées d'un jardin à la française ? A quoi Le Nôtre a-t-il utilisé l'eau dans le jardin ? Comment la Cour se divertit-elle dans la Galerie des glaces ? Dans les jardins ?

COPIEZ (en complétant). — *I. Le château de.... a été construit par.... et.... Il a été décoré par le sculpteur..... et le peintre..... . — 2. La..... est la plus belle salle. Dans le parc tracé par.... il y a des st..... et des b.... M.... et..... ont écrit des pièces de théâtre..... était le musicien du roi.*

39. - Colbert

LOUIS XIV ET COLBERT VISITENT LA MANUFACTURE DES GOBELINS. — 1. Qu'est-ce qu'une manufacture ? Où se trouve la manufacture des Gobelins ? Pourquoi Louis XIV et Colbert ont-ils tenu à la visiter ? — 2. Reconnaissez le roi et Colbert. Que sont les autres personnages derrière le roi ? Pourquoi sont-ils là ? — 3. Quels meubles les ouvriers ont-ils apporté ? Qu'est-ce qui est tendu contre le mur ? A quoi servent ces belles tapisseries ? Celle-ci célèbre un grand succès des armées de Louis XIV qui ont réussi à traverser le Rhin : Vous voyez le roi, à cheval, donnant des ordres.

1. Le bourgeois Colbert est un grand ministre. — Colbert est le fils d'un drapier de Reims. Mazarin, avant de mourir, l'a recommandé à son roi Louis XIV : « Sire, je vous dois tout ; mais je crois m'acquitter envers votre Majesté en vous donnant Colbert ».

C'est en effet un grand travailleur. Il entre dans son bureau à cinq heures du matin. Il se frotte les mains de plaisir parce que son bureau est couvert de dossiers *.

Quand le roi le reçoit, vers onze heures, Colbert a tout lu, il a tout préparé, il a débrouillé toutes les affaires difficiles ; le roi n'a plus qu'à suivre ses conseils avec confiance. Pendant seize heures Colbert va travailler ainsi, comme « un bœuf de labour ».

Et surtout, que personne ne vienne le déranger. Il veut travailler en paix, il n'est pas aimable, il ne sourit jamais.

2. Colbert encourage la création de manufactures. — A l'époque de Colbert, comme au moyen âge, on travaille dans de petits ateliers. Colbert crée de grandes fabriques, les *manufactures royales*, qui emploient beaucoup d'ouvriers. La manufacture des **Gobelins** (C) tisse des *tapisseries* magnifiques (×) ; la manufacture de **Sèvres** (C) fabrique des vases et de la vaisselle en *porcelaine* très fine. Colbert fait venir des Vénitiens en France (C) et, dans la manufacture de **Saint-Gobain** (C), ils apprennent aux ouvriers français comment faire les grandes glaces.

Colbert veut que le travail soit bien fait, il veut que les objets fabriqués soient de bonne qualité. Aussi il surveille le travail de très près : il précise comment il faut fabriquer chaque étoffe, comment il faut la teindre. Des *inspecteurs* passent dans les ateliers et les manufactures. Quand le travail est mal fait le fabricant est mis *au pilori* et sa marchandise est brûlée (×).

D'après l'image de droite dites ce que c'est que le pilori ? Qu'est-ce que le chiffon rouge déchiré ? Pourquoi ce fabricant est-il au pilori ? Que font les gens autour du pilori ?

3. Colbert veut donner une forte marine à la France. — La France a besoin de navires pour aller chercher les produits des pays lointains et surtout de nos colonies *. A cette époque la France possède le **Canada**, la **Louisiane** et les **Antilles** (C).

Colbert encourage la construction de bateaux Il crée la *Compagnie des Indes occidentales* (×).

Comment appelle-t-on ces navires ? D'où viennent-ils ? Que font les hommes ? Ce port du temps de Colbert ressemble-t-il à un port d'aujourd'hui ?

4. Colbert meurt découragé. — Mais Colbert voit Louis XIV faire d'énormes dépenses et s'engager dans des guerres ruineuses. Il fait des reproches à son souverain qui, lassé, abandonne son ministre malgré vingt-deux ans de dévouement fidèle. Colbert meurt, désespéré.

CE QU'IL FAUT RETENIR

1re Année. — **Colbert a été un ministre tout dévoué à son roi et à son pays. Il a encouragé la création des manufactures, il a rendu la marine plus forte.**

2e Année. — **Colbert était un ministre travailleur. Il a encouragé les manufactures des Gobelins et de Saint-Gobain. Il a surveillé de très près la qualité du travail.**

Il a développé la marine pour faire le commerce avec nos colonies du Canada, de la Louisiane et des Antilles. Mais il est mort désespéré par les dépenses de Louis XIV.

A quoi voyez-vous que Colbert est un bourgeois ? A quoi voyez-vous qu'il aimait travailler ? Qu'est-ce qu'une manufacture ? A quoi servaient les tapisseries des Gobelins ? Quelle est la grande salle du château de Versailles qui a été décorée avec les glaces de Saint-Gobain ? Qu'est-ce que le pilori ? Qu'est-ce qu'une colonie ? Pourquoi appelait-on l'Amérique les Indes Occidentales ? Pourquoi Louis XIV dépensait-il beaucoup d'argent ?

COPIEZ (en complétant). — *1. Le père de Colbert était..... à..... La manufacture de..... fabrique des glaces ; celle de..... fabrique de la porcelaine. — 2. Le mauvais marchand était mis au..... Nos plus belles colonies étaient le..... la..... les.....*

40. - Turenne et Vauban

MORT DE TURENNE A SALZBACH. — 1. Où se trouve Salzbach ? Contre qui se bat Turenne avec ses troupes ? Où se trouve l'armée ennemie ? Où est l'artillerie de Turenne ? Pourquoi, près de chaque canon, y a-t-il un soldat avec un long balai ? — 3. Regardez Turenne sur son cheval : A quel moment se passe la scène ? Qu'est-ce qui a tué le vaillant chef ? Quelle différence y a-t-il entre un boulet de canon et un obus ? Qu'est-ce qui est le plus meurtrier ? — 4. Ecoutons maintenant le récit de la mort de Turenne. — 5. Pouvez-vous dire qui est l'officier étendu à terre ? Pourquoi il est étendu ? Qui est à genoux près de lui ?

Louis XIV a fait beaucoup de guerres. Pour conduire ses armées il a eu la chance de trouver des chefs remarquables *.

1. Turenne sauve l'Alsace. — Turenne est un chef réfléchi, prudent et courageux. Il est le père de ses soldats : jamais il ne les fatigue inutilement, aussi tous lui sont très dévoués.

Voici Turenne en Alsace (C) : c'est bientôt l'hiver. Les Allemands ont envahi cette province. Ils sont beaucoup plus nombreux que les soldats de Turenne. Turenne recule d'abord et fait croire à l'ennemi qu'il prend ses quartiers d'hiver *. Les chefs allemands en font autant et dispersent * leurs soldats. C'est le moment attendu par Turenne, qui écrit au roi : « Il ne faut pas qu'il y ait un homme de guerre au repos en France tant qu'il y aura un ennemi en Alsace ».

Secrètement, il lève le camp ; par des che-mins couverts de neige, il fait le tour des Vosges et rentre en Alsace (C) : les Allemands surpris sont bousculés. Beaucoup sont faits prisonniers, les autres repassent le Rhin (C). L'Alsace est sauvée. Partout Turenne est acclamé.

Au printemps suivant la guerre reprend ; Turenne franchit le Rhin avec son armée. Enfin il va livrer une grande bataille près de **Salzbach.** Pour voir les positions * de l'ennemi, il monte sur une hauteur. A ce moment un boulet de canon le frappe au cœur ; Turenne est tué sur le coup (×).

Son corps est ramené à Paris. Les soldats et les paysans pleurent. La Cour est en deuil. Louis XIV, désolé, récompense son grand serviteur en ordonnant qu'il repose à **Saint-Denis**, à côté des rois.

2. Vauban fait construire des places fortes. — Près des frontières, les villes sont souvent assiégées par l'ennemi. L'ingénieur Vauban fait abattre les hautes murailles construites au moyen âge, il les remplace par des fortifications * à ras de terre, qu'on ne voit pas de loin ; de plus il protège les remparts par un grand talus de terre couvert de gazon (×).

Où est Vauban ? Qui est venu voir ses travaux ? Pourquoi Vauban fortifie-t-il cette ville ? Quelles sont les différentes parties de ces fortifications ?

Vauban sait aussi prendre les villes. Il fait creuser des tranchées * qui aboutissent toutes à la place. De cette manière les soldats peuvent s'approcher des remparts ; quand ils sont suffisamment près on fait tirer le canon, à bout portant. Bientôt une brèche * est ouverte dans le mur ; les soldats passent et s'emparent de la ville.

L'habileté de Vauban a fait dire : « Ville assiégée par Vauban, ville prise. Ville défendue par Vauban, ville imprenable ».

Mais Vauban est aussi un homme de cœur. La misère des pays ravagés par la guerre le bouleverse. Il écrit un livre dans lequel il dit au roi : « Ayez pitié des paysans. Diminuez les impôts ». Mais Louis XIV fait brûler le livre et disgrâcie * Vauban.

3. Louis XIV a trop aimé la guerre. — A la fin de sa vie, Louis XIV est bien triste.

S'il a fait de grandes choses il se rend compte qu'il laisse beaucoup de misères.

Avant de mourir Louis XIV regrette ses fautes : « Dieu me punit, je l'ai bien mérité ». Puis il dit à son arrière-petit-fils, âgé de cinq ans, qui s'appellera Louis XV : « Mon enfant, j'ai trop aimé la guerre, ne m'imitez pas en cela, ni dans les grandes dépenses que j'ai faites. Soulagez vos peuples ».

R. Bresson

1re *Année.* — **Turenne a protégé l'Alsace contre les Allemands, mais il fut tué à Salzbach. Vauban défendait les villes par de nouvelles fortifications.**

2e *Année.* — **Turenne a réussi à chasser les Allemands qui avaient envahi l'Alsace. Mais il fut tué à Salzbach l'année suivante. Vauban a protégé les villes des frontières par des fortifications à ras de terre. Louis XIV est mort en regrettant d'avoir trop aimé la guerre.**

Pourquoi Turenne est-il un grand chef ? Pourquoi est-il aimé de ses soldats ? Quel autre grand chef de guerre a été enterré à Saint-Denis ? Pourquoi les hautes murailles ne sont-elles plus utiles ? Quel est l'avantage des tranchées pour les soldats ? Que peut-on reprocher à Louis XIV ? Pourquoi reste-il pourtant un grand roi ?

COPIEZ (en complétant). — *1. ..... fait croire qu'il prend ses..... d'hiver. Les..... sont surpris. Turenne est tué à..... et enterré à..... . — 2. Ville défendue par..... ville..... J'ai trop..... la guerre, ne m'..... pas en cela.*

41. - Dupleix et Montcalm

R.Bresson

DUPLEIX REÇOIT UN PRINCE HINDOU. — 1. Voyez-vous Dupleix ? Quelle est la dame qui se trouve à ses côtés ? Pourquoi a-t-elle été très utile à Dupleix ? — 2. Qu'est-ce qu'un nabab ? Que font les deux nababs ? Comment sont-ils venus ? Que fait le cornac sur le cou de l'éléphant ? Que font les Hindous qui se trouvent derrière les princes ? — 3. Décrivez les costumes. Quels sont les soldats alignés à droite ? Regardez le palais que Dupleix s'est fait construire : ressemble-t-il aux châteaux de France ? — 4. Qu'attend le voilier ancré au fond ? Qu'est-ce que les hommes peuvent y charger ? Où s'en ira-t-il ? A quelle compagnie appartient-il ?

Sous Louis XV la France a de belles colonies aux Indes et au Canada. (C)

1. Dupleix vit aux Indes comme un nabab. — Dupleix est venu aux Indes diriger la *Compagnie des Indes Orientales* qui envoie en France de la soie, du thé, du poivre, du coton.

Grâce à son mariage avec la princesse Jeanne, qui connaît les coutumes et les dialectes des Hindous, il peut facilement devenir l'ami des princes, appelés *nababs*.

Comme ils se font souvent la guerre entre eux, Dupleix prête ses soldats aux nababs qui veulent bien lui donner une région de l'Inde en échange. Si bien qu'au bout de quelques années Dupleix devient très puissant et très riche. Les nababs le respectent, lui font des présents comme à un grand seigneur (×).

2. Les Anglais font rappeler Dupleix en France. — Les Français ne sont pas les seuls à vouloir s'installer aux Indes. Les Anglais convoitent * aussi le pays et ses produits.

Ils essaient d'abord de chasser Dupleix en envoyant des troupes contre les Français. Dupleix est assiégé dans **Pondichéry** (C). Il se défend vaillamment avec sa petite garnison. Son courage et celui de sa femme font l'admiration des soldats.

Le chef anglais est obligé de lever le siège et de partir.

Les Anglais se plaignent alors auprès de Louis XV et le menacent d'une guerre si Dupleix reste aux Indes. Louis XV ne sait pas dire non. Il rappelle Dupleix en France. Cet acte de faiblesse nous fera perdre la belle colonie de l'Inde au **traité de Paris**, en 1763.

3. Le Canada est défendu par Montcalm. — Notre belle colonie du Canada est aussi attaquée par les Anglais. Les Français qui y sont installés depuis Richelieu et Colbert la défendent, dirigés par Montcalm.

Celui-ci s'est fait l'ami des **Peaux-Rouges** grâce à son courage. Un chef Peau-Rouge lui dit un jour, avec admiration : « Nous pensions que ta tête se perdait dans les nues *. Tu es petit, mon père, mais nous voyons dans tes yeux la grandeur des pins et le vol de l'aigle ». Ainsi admiré Montcalm peut demander aux Peaux-Rouges de l'aider.

Une première grande bataille a lieu : celle de **Carillon**. Montcalm, avec 3 000 soldats est attaqué par 20 000 Anglais. Six fois les Anglais chargent : chaque fois ils sont repoussés. Ils doivent s'enfuir, laissant 4 000 morts.

4. Montcalm meurt en défendant Québec. (C) — Hélas, l'armée de Montcalm n'est pas nombreuse : Louis XV n'envoie pas de renforts *, tandis que les Anglais en reçoivent sans cesse.

Ceux-ci viennent faire le siège de Québec où se trouve Montcalm avec 4 500 soldats seulement. Le vaillant chef se défend avec fureur pendant trois mois. Mais, à la dernière bataille, Montcalm est mortellement blessé : « Combien de temps ai-je encore à vivre ? demande-t-il au médecin. — Pas vingt-quatre heures. — Tant mieux, répond Montcalm, je ne verrai pas les Anglais dans Québec » (✕).

Où se passe cette scène ? Que fait Montcalm ? Contre qui se bat-il ? A quoi voyez-vous que les Peaux-Rouges étaient les amis de Montcalm ? Reconnaissez-vous un trappeur ?

Le général Anglais Wolf meurt à la même bataille, mais les Anglais sont vainqueurs. La France leur laisse le Canada par le traité de Paris.

R. Bresson

CE QU'IL FAUT RETENIR

1re *Année.* — **Dupleix a agrandi notre colonie des Indes mais les Anglais ont obligé Louis XV à le rappeler en France. Montcalm est mort à Québec en défendant le Canada.**

2e *Année.* — **Dupleix a agrandi notre colonie des Indes en se faisant l'ami des nababs. Il a défendu Pondichéry contre les Anglais. Mais il fut rappelé en France par Louis XV.**
Montcalm a défendu le Canada contre les Anglais. Mais Louis XV ne lui envoyait pas de soldats. Montcalm a été tué au siège de Québec.

Qu'est-ce que la Compagnie des Indes Orientales, fondée par Colbert ? Comment Dupleix devient-il très puissant ? Comment Montcalm a-t-il obtenu l'aide des Peaux-Rouges ? Pourquoi dit-on encore aujourd'hui qu'il y a des Canadiens français au Canada ?

COPIEZ (en complétant). — *1. ..... a épousé la princesse..... Il est devenu l'ami des..... Les Anglais ont assiégé..... — 2. ..... a gagné la grande bataille de Carillon. L'..... et le..... ont été perdus au traité de.....*

42. - Turgot

UN CONVOI A LA PORTE D'UNE VILLE. — 1. Qu'est-ce que la porte d'une ville ? — 2. Pourquoi y a-t-il des murailles autour de la ville ? Ont-elles été construites par Vauban ? Que vous rappellent-elles.? A quelle époque pensez-vous qu'elles ont été construites ? A quoi sert la grille au-dessus de l'entrée ? Quand est-elle fermée ? Est-ce qu'elles sont toujours aussi utiles à l'époque de Turgot ? Pourquoi l'auberge à droite a-t-elle été construite en dehors des murs ? — 3. Un convoi important arrive à la porte : ce sont des marchands qui viennent pour la foire. Mais pour pénétrer dans la ville, il faut payer un droit d'entrée. — 4. Pendant que le convoi attend, décrivez les voitures ? Y en a-t-il qui ressemblent à des voitures que nous avons déjà vues dans les leçons étudiées ? Regardez bien aussi les paysans et les paysannes : pourquoi viennent-ils à la ville ? De quelles manières transportent-ils les marchandises ?

1. Le Tiers Etat est très mécontent. — Depuis que le roi vit à Versailles, au milieu de sa cour, il oublie trop le peuple et la bourgeoisie. Il vit au milieu des fêtes ; il donne des pensions aux courtisans désœuvrés ; il fait la guerre.

Tout cela coûte cher et les impôts payés par le **Tiers Etat,** c'est-à-dire par les paysans, les ouvriers et les bourgeois sont de plus en plus élevés.

Les bourgeois, qui sont marchands, ou armateurs *, ou banquiers *, sont irrités contre les nobles de la Cour. Ils les appellent les *privilégiés* parce qu'ils vivent sans travailler et sans payer d'impôts. Les marchands sont souvent très mécontents. Sans doute, il y a maintenant de bonnes routes, bien entretenues. Mais chaque fois que la route traverse une ville il faut payer des droits à la ville pour continuer son chemin (×).

Les bourgeois reprochent aussi au roi de ne pas les consulter * et de n'écouter que les avis des courtisans.

A la campagne les paysans sont sans doute plus heureux qu'au temps des seigneurs : ils ne sont plus serfs, beaucoup ont pu acheter des terres. Mais ils paient toujours des impôts à leur seigneur alors que celui-ci n'a plus à les défendre puisque c'est maintenant le roi qui protège tout le pays.

2. Turgot fait de grandes réformes *. — Le nouveau roi **Louis XVI** prend **Turgot** comme ministre. C'est un grand travailleur qui veut sincèrement faire disparaître le mécontentement.

Il supprime la *corvée royale*, c'est-à-dire l'obligation pour les paysans d'entretenir les routes et les chemins. Puis il permet de transporter le blé et le vin d'une région dans une autre sans payer de droits *. Enfin il supprime les *corporations* : chaque ouvrier peut donc devenir patron, chaque marchand peut vendre ce qui lui plaît.

3. Les privilégiés font renvoyer Turgot. — Turgot veut encore diminuer les impôts. Mais il faut d'abord réduire * les dépenses de la Cour : il demande à Louis XVI de diminuer les pensions des courtisans, de donner moins de fêtes à Versailles.

Il demande de renoncer aux divertissements de la Cour à Trianon, petit village que Louis XVI a fait construire pour la reine dans les jardins de Versailles (✕).

Les deux dames sont-elles de vraies bergères ? A quoi voyez-vous qu'il s'agit d'un amusement ? Que fait la dame assise ? Est-ce un vrai travail, comme pour Jeanne d'Arc ? Le roi est assis ; a-t-il la majesté de Louis XIV ?

Les privilégiés sont mécontents. Ils conseillent au roi de renvoyer Turgot. Louis XVI proteste d'abord : « Il n'y a que Monsieur Turgot et moi qui aimions le peuple », dit-il. Le roi est bon mais il n'a pas de volonté ; il désire vraiment le bonheur du peuple, mais il ne sait pas résister à la demande des courtisans, soutenus par la jeune reine, Marie-Antoinette. Il finit par renvoyer son ministre.

La cour manifeste * alors une joie bruyante tandis que Turgot écrit au roi une longue lettre très émouvante : « N'oubliez jamais sire, que c'est la faiblesse qui a mis la tête de Charles Ier (roi d'Angleterre) sur le billot. »

R.Bresson

CE QU'IL FAUT RETENIR

1re *Année*. — **Pour calmer les paysans Turgot a supprimé la corvée royale. Mais les privilégiés n'ont pas voulu qu'il fasse des économies. Louis XVI a renvoyé son ministre.**

2e *Année*. — **Les paysans, les ouvriers et les bourgeois, qui formaient le Tiers Etat, étaient très mécontents. Le ministre Turgot a fait de grandes réformes.**

Il voulait aussi diminuer les impôts, mais les privilégiés ont protesté contre les économies. Le faible Louis XVI a renvoyé Turgot.

Qu'est-ce que le Tiers-Etat ? Qu'est-ce que les privilégiés ? Qu'est-ce que les bourgeois reprochaient au roi ? Qu'est-ce que les paysans reprochaient aux seigneurs ? Que demandait Turgot pour faire des économies ? Pourquoi les privilégiés s'y opposaient-ils ? Montrez que le roi n'avait pas de volonté.

COPIEZ (en complétant). — *1. Les paysans, les ouvriers et les..... forment le..... Les nobles de la cour sont appelés les..... . — 2. ..... supprima la..... royale et les..... Le roi s'appelait..... et la reine.....*

43. - Nous sommes sous l'ancien régime

1. Que représentent ces images ?

1   2   3   4

5   6   7   8

2. Répondez aux questions

1. Quelles différences y a-t-il entre un château fort et un château de la Renaissance. Pourquoi ne construit-on plus de châteaux forts ? — 2. Qu'est-ce que la Cour du roi ? Quel est le premier roi qui a eu une Cour ? Quels autres rois ont eu une Cour ? Qu'est-ce que devait faire le courtisan ? Comment se divertissait-on à la Cour ? — 3. Quelles sont les époques de grande misère, en France, depuis François Ier ? Pourquoi ? Qui a voulu arrêter cette misère ? — 4. Quels grands ministres la France a-t-elle eu pendant cette période ? Qu'ont-ils fait ? — 5. Quels ont été les grands chefs d'armée ? Quelles victoires ont-ils remportées ? Comment sont-ils morts ? — 6. Quelles sont les personnes qui forment le Tiers État ?

3. Qu'est-ce que...?

1. Un courtisan ? une pension ? un protestant ? un Peau-Rouge ? un ministre ? une Fille de la Charité ? un nabab ? un privilégié ? le Tiers État ?

2. Une manufacture ? une tapisserie ? la terrasse de Chambord ? la Galerie des Glaces ? Trianon ?

4. Comment s'appelaient...?

— le Chevalier sans peur ?
— le roi chevalier ?
— le bon roi Henri ?
— Monsieur Vincent ?
— le roi soleil ?

5. Que vous rappellent...?

Le Garigliano ? Marignan ? Pavie ? Poissy ? l'édit de Nantes ? La Rochelle ? Les Gobelins ? Salzbach ? Saint-Denis ? Pondichéry ? Québec ?

DEVOIR

COPIEZ (en complètant). — I. Beaucoup de..... de la Renaissance ont été construits sur les bords de la..... — B..... a fait..... chevalier, après la bataille de..... — ..... et son ministre..... ont rendu la France plus heureuse.

2. Saint..... de..... a secouru les malheureux pendant la F....-C..... a été le plus grand ministre de.... XIV — L'I..... et le..... ont été perdus au traité de....., en.....

6. Qu'ont-ils fait de grand...?

François Ier

Henri IV

Richelieu

Louis XIV

7. Cherchez dans les leçons que vous avez étudiées.

1. — Donnez un titre aux images de la page de droite de chaque leçon.

2. — Quelles images représentent les habitations des hommes ? Quelles sont-elles ?

3. — Cherchez les images qui montrent de quelle manière on voyageait : au temps de François 1er; à l'époque de Louis XIV; sous le règne de Louis XVI. Comment se nomment les différents véhicules ?

4. — Cherchez depuis la leçon 30, les bateaux représentés sur les images. Quelles différences présentent-ils entre eux ? et avec les caravelles de Christophe Colomb ?

5. — Regardez Bayard (page 64) et Tu-

renne (page 84) : ces deux chefs de guerre sont-ils équipés de la même façon ? Pourquoi l'armure devient-elle inutile ?

6. — Comment étaient équipés : un soldat de Bayard, un soldat de Turenne, un soldat de Dupleix ?

7. — Les rois François 1er, Louis XIV et Louis XVI sont-ils habillés de la même manière ? Qu'est-ce qui change dans leur costume ?

8. — Comment se divertissaient les rois dans leurs châteaux ? Cherchez les images qui nous montrent leurs divertissements.

8. Comment s'habillaient...?

Un papa au temps de Louis XIV :
Il a un justaucorps, fermé par des brandebourgs ; le col est ouvert pour laisser passer une cravate de mousseline ou de dentelle. La culotte, courte et collante, n'est pas visible; les bas montent jusqu'aux genoux. Il porte une perruque aux cheveux longs et frisés.

Une maman à l'époque de Louis XIV :
Elle porte une jupe longue, décorée de falbalas ; le corsage est serré à la taille. Un grand manteau, très ouvert sur le devant, est relevé derrière ; les manches sont courtes et boutonnées au coude. Une écharpe est posée sur la tête.

RETENEZ CES DATES

1515	:	**Victoire de François Ier à Marignan**
1572	:	**Massacre de la Saint-Barthélemy à Paris**
1610	:	**Mort du roi Henri IV assassiné par Ravaillac**
1661-1713	:	**Règne de Louis XIV, le Roi-Soleil**
1763	:	**Traité de Paris qui nous enlève nos colonies des Indes et du Canada**

44. - La Révolution de 1789

LE SERMENT DU JEU DE PAUME. — **1.** Dans quelle ville se passe cette scène ? Dans quelle salle ? Y a-t-il quelque chose qui vous l'indique, près de la table ? Pourquoi les députés ont-ils dû se réunir ici ? — **2.** Y a-t-il des sièges ? une tribune ? Qui est monté sur la table ? Pourquoi ? Que dit-il en ce moment ? — **3.** Pourquoi les députés tendent-ils le bras ? Que crient-ils en même temps ? N'y a-t-il que des députés du Tiers Etat ? Regardez à droite par exemple. Que font les gens du peuple dans la galerie ? — **4.** Réfléchissez : Pourquoi le serment du Jeu de Paume est-il une révolte contre le roi ?

Louis XVI manque bientôt d'argent. Les privilégiés ne veulent toujours pas d'économies : ils obligent le roi à convoquer les **Etats Généraux**, c'est-à-dire à réunir à Versailles (C) les députés * du Clergé, de la Noblesse et du Tiers Etat de toutes les provinces.

1. Le Tiers Etat fait le serment du Jeu de Paume. — Chacun pense alors que Louis XVI va enfin faire des réformes. Hélas, le roi est toujours hésitant et mal conseillé. Il refuse d'écouter les Etats Généraux ; il fait fermer les portes de la salle de réunion. Les députés du Tiers Etat décident de se réunir malgré tout.

Ils trouvent bientôt une salle vide : c'est le **Jeu de Paume**, où les enfants du roi jouent à la balle. Le président **Bailly** explique que le Tiers Etat est plus nombreux que les privilégiés ; il affirme que le roi doit écouter les avis du Tiers Etat. Puis il demande aux députés de faire le serment : « Nous jurons de ne pas nous séparer avant d'avoir donné une **constitution** à la France » ; c'est-à-dire des lois nouvelles auxquelles le roi devra obéir (×).

2. Le peuple de Paris prend la Bastille (14 juillet 1789). — Le roi est très irrité ; les privilégiés le poussent à renvoyer les Etats Généraux et son ministre **Necker**. Louis XVI consent à renvoyer Necker, très populaire, et il fait venir des troupes autour de Versailles.

Les Parisiens entrent dans une grande colère ; ils comprennent que les troupes vont chasser les députés. Un journaliste, Camille Desmoulins, alerte les passants : « C'est une nouvelle Saint-Barthélemy qui se prépare. Prenez des armes pour vous défendre ». Les Parisiens pillent les armureries, et l'Hôtel des Invalides. Soudain, on crie : « A la Bastille ! ». Alors toute la foule se dirige vers la puissante forteresse.

Le gouverneur de Launay refuse d'ouvrir. L'attaque commence. De Launay finit par faire ouvrir les portes. La foule entre ; elle se précipite sur lui et ses gardes ; tous sont massacrés parce qu'on les accuse de trahison. Quelques exaltés promenèrent la tête du gouverneur au bout d'une pique. Dès le lendemain, on commence à démolir la Bastille (×).

Qu'est-ce que la Bastille ? Qu'est-ce qui vous rappelle un château fort ? Qui attaque la Bastille ? N'y a-t-il que des gens du peuple ? Reconnaissez-vous des soldats ? A quoi sert le balai porté par le soldat de gauche ?

3. Louis XVI reconnaît la victoire des Parisiens. — Le peuple sait que Louis XVI a été mal conseillé : il ne lui garde pas rancune. Le roi, qui a accepté de venir à Paris, est accueilli avec enthousiasme. Il est reçu par **Bailly** qui est devenu *maire de Paris*, et **La Fayette**, le commandant de la *Garde Nationale*. Louis XVI consent à mettre la **cocarde tricolore** à son chapeau ;

cette cocarde est faite des couleurs de Paris, bleu et rouge, disposées de chaque côté de la couleur royale, blanc.

Ainsi le peuple s'est battu, et il oblige le roi à faire des réformes importantes ; c'est ce qu'on appelle une **révolution**.

CE QU'IL FAUT RETENIR

1re *Année.* — **Au serment du Jeu de Paume, les députés ont juré de donner une constitution à la France. Le peuple de Paris a pris la Bastille le 14 juillet 1789.**

2e *Année.* — **Les privilégiés ont obligé le roi à réunir les Etats Généraux. Les députés du Tiers Etat ont juré de donner une constitution à la France : c'est le serment du Jeu de Paume.**
Le peuple de Paris s'est révolté ; il a pris la Bastille le 14 juillet 1789. Louis XVI est venu à Paris et il a accepté la Révolution.

Pourquoi les privilégiés ne veulent-ils pas que le roi fasse des économies ? Montrez que Louis XVI n'a pas de volonté. Qu'est-ce que le Tiers Etat ? Pourquoi appelle-t-on « serment du Jeu de Paume » le serment des députés du Tiers Etat ? Pourquoi Camille Desmoulins dit-il : « C'est une nouvelle Saint-Barthélemy » ? Qu'est-ce que la Bastille ? Où les Parisiens ont-ils trouvé des armes ? Comment ont été choisies les couleurs du drapeau français ?

COPIEZ (en complétant). — *1. Louis XVI réunit les..... Ils ont fait le .... du Jeu de..... Louis XVI a renvoyé..... — 2. Les Parisiens ont pris la..... le..... juillet..... est maire de Paris..... est commandant de la Garde..... Louis XVI a mis la cocarde.....*

45. - Le roi est détrôné

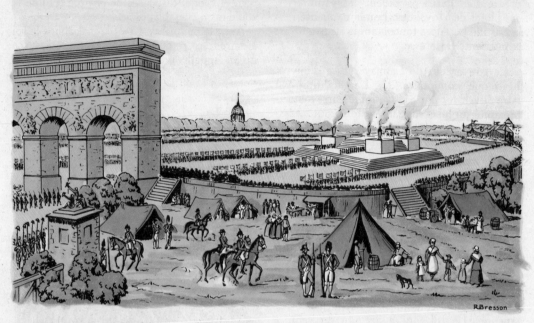

LA FÊTE DE LA FÉDÉRATION. — 1. Où a lieu cette fête ? Quel jour ? Pourquoi a-t-on choisi ce jour-là ? — 2. N'y a-t-il que des Parisiens ? D'où viennent les gardes ? Que représentent tous les drapeaux alignés ? A quoi servent les tentes ? — 3. Où pensez-vous que le roi se trouve ? Comment est construit le grand autel central ? Qui y célèbre la messe ? Qui viendra y jurer fidélité à la constitution ? — 4. Qu'est-ce que la grande construction de gauche ? Que signifie-t-elle ? Que vous rappelle le dôme des Invalides que vous voyez au fond ?

1. La fête de la Fédération (14 juillet 1790). — Un an après la prise de la Bastille on décide de célébrer cet anniversaire par une fête magnifique sur le *Champ de-Mars*.

Durant plusieurs semaines les Parisiens viennent en grand nombre pour aider aux travaux. Pendant ce temps, sur toutes les routes de France, des *gardes nationaux* marchent vers Paris, venant de toutes les provinces : on les appelle les **fédérés**, parce qu'ils viennent pour dire que leur pays accepte de se *fédérer*, c'est-à-dire de s'unir, avec toutes les autres provinces de France.

Regardez. Une foule considérable est installée dans les tribunes. L'évêque Talleyrand célèbre la messe. Puis **La Fayette** monte à l'autel : il jure de rester fidèle à la nation et au roi ; tous les gardes nationaux répètent son serment. Enfin **Louis XVI** à son tour jure de respecter la Constitution (×).

C'est la joie dans tous les cœurs. Tous les Français semblent s'être réconciliés.

2. Louis XVI est arrêté à Varennes. — Mais bientôt Louis XVI ne peut plus accepter les lois faites par l'assemblée des députés, parce qu'elles menacent les vrais chrétiens. En effet, les députés ont enlevé au pape le droit de nommer les évêques ; ils obligent les prêtres à faire le serment de respecter cette loi. Le roi lui-même est maintenant comme prisonnier aux *Tuileries*, à Paris. Les révolutionnaires l'ont empêché d'aller faire ses Pâques à Saint-Cloud, avec un prêtre fidèle au pape (C).

Enfin Louis XVI se souvient du temps où il était le seul maître du royaume ; il supporte difficilement les députés qui font des lois sans lui demander conseil.

Aussi, une nuit, sous un déguisement de

valet, il s'enfuit de Paris en berline ; pendant une journée le voyage se passe bien. Mais, le soir, il est reconnu par Drouet, le maître de poste qui change les chevaux de la berline. Drouet court à Varennes (C) où passe la route ; il fait dresser une barricade : (×)

Que représente cette scène ? Pourquoi le roi s'enfuit-il ? Avec qui ? Qui arrête la berline royale ? Qui a prévenu ? Comment sont habillés les révolutionnaires ?

Louis XVI est obligé de s'arrêter. Il est ramené à Paris. Mais à partir de ce moment il a perdu la confiance de nombreux Français.

3. Le roi est détrôné le 10 août 1792. — Louis XVI refuse toujours d'accepter la loi qui condamne à la prison les prêtres restés fidèles au pape. Là-dessus arrivent des nouvelles effrayantes : les Prussiens, qui envahissent la France, menacent de brûler Paris si l'on fait le moindre mal à Louis XVI. Les révolutionnaires sont exaspérés, ils accusent Louis XVI de s'entendre avec les Prussiens.

Dans la nuit du 9 au 10 août on sonne le tocsin ; les tambours battent. Les révolutionnaires reprennent les armes et, le 10 août, ils attaquent les *Tuileries*.

Louis XVI est défendu par des nobles et des Suisses. Une terrible fusillade s'engage : des deux côtés les morts sont nombreux. Le roi se réfugie auprès des députés Les insurgés

pénètrent dans les Tuileries et massacrent tous les Suisses. Puis ils obligent les députés à détrôner Louis XVI.

Le roi et sa famille sont arrêtés et conduits à la prison du *Temple*.

A partir de ce moment il n'y a plus de roi en France ; pour la première fois on proclame la **République**.

CE QU'IL FAUT RETENIR

1re *Année*. — **Tous les Français se réconcilient à la fête de la Fédération. Les révolutionnaires attaquent les Tuileries en 1792. Louis XVI est détrôné.**

2e *Année*. — **Tous les Français se réconcilient à la fête de la Fédération, le 14 juillet 1790. Louis XVI essaye de s'enfuir mais il est arrêté à Varennes. Le 10 août 1792, les révolutionnaires s'emparent des Tuileries. Louis XVI est détrôné et emprisonné au Temple. La république est proclamée.**

Qu'est-ce qu'un garde national ? Pourquoi donne-t-on à l'anniversaire de la prise de la Bastille le nom de Fête de la Fédération ? Pourquoi Louis XVI s'est-il enfui ? Qu'est-ce que les Tuileries ? Pourquoi les révolutionnaires sont-ils exaspérés ? Pourquoi Louis XVI et sa famille ne sont-ils pas emprisonnés à la Bastille ?

COPIEZ (en complétant). — 1. *La fête de la..... a lieu le..... juillet..... sur le..... Les gardes nationaux s'appellent des..... . — 2. Le roi est reconnu par..... et arrêté à..... Il est..... le 10..... et enfermé au.....*

46. - Aux armes, citoyens !

LA PATRIE EST EN DANGER

L'ENROLEMENT DES VOLONTAIRES. — 1. Comment est construite l'estrade ? Qu'y a-t-il d'écrit au-dessus ? Que veulent dire ces paroles ? Décrivez l'insigne qui se trouve sur la toile du fond. — 2. Que font les personnages qui sont en ce moment sur l'estrade ? Que viennent de faire les jeunes gens qui en descendent ? Que vont faire ceux qui y montent ? — 3. La troupe qui défile à droite est-elle faite de vrais soldats ou de volontaires ? A quoi le voyez-vous ? Y a-t-il cependant des gardes nationaux ? Où ? Que font-ils ? — 4. Le drapeau de cette époque ressemble-t-il au nôtre ? Qu'est-ce qui est pareil ? Qu'est-ce qui est différent ? — 5. Décrivez les costumes.

1. L'Assemblée proclame la Patrie en danger. — Les rois étrangers, effrayés par la Révolution française, voudraient sauver Louis XVI. Mais l'Assemblée des députés déclare la guerre à l'Autriche ; aussitôt la Prusse se joint à l'Autriche.

Les débuts de la guerre sont très malheureux pour les armées françaises ; elles reculent partout, parce qu'il n'y a presque plus d'officiers pour les commander. La plupart des officiers nobles sont partis en exil pour échapper aux révolutionnaires : on les appelle les *émigrés*.

Pour arrêter les Autrichiens et les Prussiens l'Assemblée demande à tous les Français de se dévouer pour défendre leur pays : « Des troupes nombreuses s'avancent vers nos frontières. Citoyens, la Patrie est en danger ! Que chacun fasse son devoir et la Patrie sera sauvée ! ».

2. Des hommes s'engagent * en grand nombre. — Des hommes de toutes les provinces vont répondre à l'appel de l'Assemblée. Dans les villes, on dresse des estrades ; le tambour bat ; à Paris on tire le canon. Un orateur invite les jeunes gens à s'engager pour aller combattre l'ennemi. Aussitôt des volontaires se présentent : on leur donne des armes quand il y en a suffisamment, on les habille avec des costumes usagés. Le soir même ils partent en chantant vers les champs de bataille (×).

Ces **volontaires de 1792** sont parfois de vieux soldats de métier, qui ont l'habitude de la guerre ; ou bien ce sont des gardes nationaux. Souvent ce sont aussi des jeunes gens, qui n'ont jamais manié un fusil.

Mais tous n'écoutent que leur courage : ils veulent aller se battre contre les soldats autrichiens et prussiens.

3. Pour la première fois on chante la Marseillaise. — Un jeune officier, **Rouget de Lisle**, dîne un soir chez le maire de Strasbourg (*C*), Dietrich. Celui-ci est un ardent patriote * : « Comme il est dommage dit-il, que nos soldats n'aient pas de chant de guerre pour les entraîner dans le combat ! » Rouget de Lisle approuve. Rentré chez lui, seul dans sa chambre, il se décide à écrire un chant pour les volontaires de 1792.

Toute la nuit il cherche les paroles et la musique. Enfin, au matin, il a composé un chant qu'il appelle *le Chant du Rhin*. Il se rend aussitôt chez Dietrich. Le maire a réuni sa famille et quelques amis pour écouter Rouget de Lisle. Une fille de Dietrich joue l'air sur le piano et l'officier chante :

> *Allons, enfants de la Patrie,*
> *Le jour de gloire est arrivé.*

Tout le monde félicite Rouget de Lisle (×).

Où se passe cette scène ? Qui chante ? Que chante-t-il ? Qui l'accompagne au piano ? — Décrivez le costume des hommes en civil, de Rouget de Lisle, des deux jeunes filles. Quels meubles voyez-vous dans la pièce ? Qu'y a-t-il sur le plancher ?

Bientôt ce chant est appris un peu partout. Un jour, des volontaires marseillais arrivent à Paris : ils chantent l'hymne * nouveau.

Les Parisiens, qui l'entendent pour la première fois, l'appellent : **La Marseillaise.**

C'est aujourd'hui *notre hymne national*, c'est-à-dire l'air que l'on joue dans toutes les grandes fêtes de la France ; chaque Français doit le connaître et l'écouter avec beaucoup de respect.

CE QU'IL FAUT RETENIR

1re *Année*. — **L'Assemblée a proclamé la Patrie en danger. Beaucoup de volontaires se sont engagés pour défendre la France. Rouget de Lisle a composé La Marseillaise.**

2e *Année*. — **Les Prussiens et les Autrichiens menaçaient nos frontières. Pour défendre le pays, l'Assemblée a proclamé la Patrie en danger : elle a fait appel à tous les citoyens.**

Des volontaires se sont engagés en grand nombre dans toutes les provinces. L'officier Rouget de Lisle a composé La Marseillaise, qui est devenue notre hymne national.

Qu'est-ce qu'un émigré ? Pourquoi est-il parti ? Pourquoi les rois étrangers font-ils la guerre à la France ? Que veut dire : « La Patrie est en danger » ? Qu'est-ce qu'un volontaire ? Quels sont les hommes qui s'offrent comme volontaires ? Pourquoi notre hymne national s'appelle-t-il « La Marseillaise » ?

COPIEZ (en complétant). — *1. La..... et l'..... font la guerre à la France. « Citoyens, la..... est en.....! ». — 2. Les..... de 1792 sont souvent des jeunes gens. Rouget de..... a composé La..... Ce chant est devenu notre..... national.*

47. - Valmy

LE DÉBUT DE LA BATAILLE DE VALMY. — 1. Contre qui se battent ici les soldats français ? Où se trouve l'ennemi ? Que fait-il en ce moment ? Où tombent les boulets ? — 2. Où sont les Français ? Pourquoi s'en vont-ils derrière le moulin ? Est-ce que le canon des Français répond à la canonnade prussienne ? — 3. Pouvez-vous reconnaître les officiers français ? Que font-ils en ce moment ? Que dit Kellermann au volontaire ? Est-il écouté ? — 4. Les soldats français ont-ils tous le même uniforme ? Décrivez deux costumes différents. Décrivez le costume des officiers. Pourquoi les Prussiens sont-ils sûrs de remporter la victoire ? — 5. Pourquoi y a-t-il un moulin sur la colline de Valmy ?

Nous savons que la guerre a d'abord été très malheureuse pour les Français.

1. Les Prussiens marchent sur Paris. — Les Prussiens, commandés par le duc de Brunswick, ont envahi la France. C'est lui qui a menacé les Parisiens de détruire Paris s'ils s'attaquaient à Louis XVI.

Les armées françaises reculent toujours ; la place forte de **Verdun** a capitulé (C). Les Prussiens croient faire jusqu'à Paris une promenade militaire mais, le 20 septembre, ils rencontrent les volontaires de 1792 à **Valmy** (C). Une grande bataille va avoir lieu, les Prussiens seront arrêtés.

2. Les volontaires de 1792. — Les Prussiens s'imaginent qu'ils vont battre facilement « cette armée de vagabonds et de savetiers » comme ils disent entre eux. En effet, les volontaires n'ont pas grande allure : leurs costumes ne se ressemblent guère. Les uns ont des culottes bouffantes, d'autres des pantalons bleus, verts, jaunes ; les uns ont des capotes * rapiécées, d'autres des carmagnoles * à revers rouges, d'autres encore des manteaux verts. Certains ont des guêtres, d'autres des bas, d'autres sont jambes nues. Les chapeaux ont toutes les formes possibles.

Bien sûr, devant la belle armée prussienne, bien disciplinée, commandée par des chefs expérimentés, nos volontaires font triste figure ; certains savent à peine se servir du fusil, ou n'ont jamais entendu le canon ; beaucoup obéissent mal, et les officiers sont souvent des jeunes hommes. Mais tous ces volontaires aiment leur patrie et ils se sont engagés pour la défendre : ils sauront avoir du courage et remporter de magnifiques victoires sur des ennemis souvent plus nombreux.

3. Les Volontaires gagnent la bataille de Valmy. — Les Français se sont installés sur une hauteur où se trouve *le moulin de Valmy* ; ils sont commandés par **Kellermann**. Les Prussiens avancent ; leur artillerie envoie des boulets sur les Français ; quelques volontaires commencent à s'effrayer. Vont-ils s'enfuir ? (×)

Les Prussiens montent toujours, disposés en trois colonnes. Kellermann forme aussitôt trois colonnes avec ses soldats et ordonne : « Ne tirez pas. Attendez et recevez l'ennemi à la baïonnette * ». Puis il lève, au bout de son épée, son chapeau au panache tricolore et s'écrie : « *Vive la Nation !* »

Soudain les Prussiens sont stupéfaits * ; ils voient tous les volontaires français agiter leurs chapeaux à la pointe des baïonnettes et des sabres ; ils entendent au même instant une immense clameur : « Vive la Nation ! Vive la France ! » Puis le chant de *La Marseillaise* (×).

Les Prussiens s'arrêtent, étonnés par ce courage ; les canons français tirent à leur tour. Le duc de Brunswick dit : « Ici, nous ne les battrons pas ». Et, le soir, sous la pluie qui tombe, il donne l'ordre de la retraite. Les volontaires ont remporté une belle victoire, c'est le **20 septembre 1792**.

En effet, la nouvelle armée révolutionnaire a repoussé la vieille armée prussienne, la plus forte de cette époque (×).

Que représente cette scène ? Qui est à cheval, au milieu ? Que fait-il ? Que dit-il ? Comment les soldats lui répondent-ils ? Cherchent-ils à se cacher ? Regardez le canon français ; que s'y passe-t-il ? Remarquez encore le drapeau : comment les bandes sont-elles disposées ?

48. - La Terreur

Robesson

UNE MESSE DANS UNE GRANGE PENDANT LA TERREUR. — 1. Où le prêtre célèbre-t-il la messe ? Pourquoi ne peut-il plus la célébrer dans son église ? Pourquoi est-il obligé de se cacher ? — 2. Que guette l'homme qui est à la porte ? Pourquoi les hommes sont-ils armés ? Quelles sont leurs armes ? — 3. Comment sont-ils habillés ? Qui connaît ce costume ? A quoi peut servir la trompe qui pend au côté de deux d'entre eux ? — 4. Nous allons apprendre que ces hommes sont des « chouans ».

La Révolution est attristée par une époque sanglante, la **Terreur**. Les Français vivent constamment dans la crainte des révolutionnaires violents. Pour très peu de chose on peut devenir *suspect*, c'est-à-dire être accusé de ne pas accepter * la Révolution et la République.

1. Les prêtres fidèles sont poursuivis. — Tous les prêtres qui ont voulu rester fidèles au pape sont aussi poursuivis ; ceux qui réussissent à s'échapper doivent se déguiser : celui-ci porte un manteau de berger, celui-là s'est fait rémouleur *, ce troisième est colporteur *. Ils sont obligés de se cacher : ils vivent dans des pièces délabrées, parfois dans la cave ou à l'écurie. Les églises leur sont interdites. On a enlevé les croix, détruit les statues. Les cloches ont été enlevées.

Pourtant les prêtres fidèles continuent à dire la messe en cachette, dans une chambre, dans une grange ou dans un grenier (×). Ils portent la communion aux malades, aux vieillards. Parfois, dans les villages, ils disent la prière avec quelques catholiques dans le cimetière ou même sous le porche de l'église.

2. La charrette des condamnés. — Des révolutionnaires excités par des meneurs sanguinaires font d'horribles tueries après la journée du 10 août 1792. Les chefs **Danton** et **Robespierre** veulent jeter l'épouvante.

Aux **massacres de septembre**, on se rue vers les prisons où sont enfermés des nobles, des prêtres et tous ceux que l'on croit suspects. Pendant plusieurs jours des hommes, des femmes sont tués sans qu'on arrête les assassins.

Ensuite **Louis XVI** est jugé et accusé de trahison, il est condamné à mort. Il est guillotiné le 21 janvier 1793 ; il meurt avec courage en criant : « Je meurs innocent. Je prie Dieu que mon sang ne retombe pas sur la France ».

De nouveau les suspects sont poursuivis, emprisonnés. Le *tribunal révolutionnaire* les juge rapidement et les condamne à mort. On les emmène à la guillotine dans des charrettes : c'est ainsi qu'on a pu voir passer la reine **Marie-Antoinette**, l'ancien maire de Paris **Bailly**, le grand chimiste **Lavoisier** et le poète **André Chénier** (×).

Voici la reine Marie-Antoinette conduite au supplice : où est-elle ? A-t-elle toujours sa belle chevelure ? Pourquoi est-elle condamnée à mort ? Laisse-t-elle des enfants ? Par qui la charrette est-elle escortée ? Que vous rappelle la prison du Temple que vous apercevez au fond ?

3. La Vendée et la Bretagne se révoltent. — Les Vendéens et les Bretons sont indignés de la mort de Louis XVI et des poursuites contre leurs curés. Ils prennent les armes qu'ils peuvent trouver : des faux, des fourches, des fusils de chasse. Alors commence une résistance farouche contre la Révolution. Les Vendéens prennent comme chefs **Cathelineau**, un voiturier, puis **d'Elbée**, un noble ; ils s'unissent avec les Bretons révoltés qu'on appelle *Chouans* parce qu'ils imitent le cri de la chouette comme signal de ralliement *.

La lutte est dure, sanglante. Les Vendéens et les Bretons, cachés derrière les haies, sont insaisissables. Mais leur pays est ravagé par les *colonnes infernales*, c'est-à-dire des troupes qui dévastent tout, brûlent les maisons et massacrent les gens.

Après plusieurs victoires les Vendéens finissent par être battus. Pourtant ils ne cèdent pas.

49. - Les héros de la Révolution

HOCHE SIGNE LA PAIX AVEC LES VENDÉENS. — 1. A qui vous font penser les Vendéens ? Pourquoi ? Sont-ils équipés de la même manière que les Chouans ? — 2. Que font-ils en ce moment ? Pourquoi rendent-ils leurs armes ? — 3. Quels sont les personnages, près de la table, à gauche ? Que fait celui qui a une veste verte ? A droite ? Pouvez-vous deviner qui est le général Hoche ?

Les armées révolutionnaires ont eu des chefs et des soldats souvent remarquables. Ils ont empêché l'invasion de la France. Un royaliste dira plus tard : « Je n'oublierai jamais que la Convention a sauvé mon pays ».

1. Hoche libère l'Alsace. — Hoche est né à Versailles (*C*). Orphelin de sa mère, battu par son père, il est élevé par sa tante Marthe, une fruitière. Il lit beaucoup pour s'instruire. A 16 ans il s'engage comme soldat du roi. La Révolution arrive : Hoche devient officier par sa bravoure : il est nommé général à 24 ans. Il délivre l'Alsace occupée par les Prussiens et les Autrichiens (*C*).

2. Hoche est le pacificateur de la Vendée. — Hoche est ensuite envoyé en Vendée (*C*) pour faire la paix avec les révoltés. Il interdit les massacres, les pillages et les incendies des colonnes infernales. Il dit à ses officiers : « Respectez l'innocent habitant

des campagnes. Soyez toujours bons et humains. Sachez pardonner ».

Les Vendéens ont peu à peu confiance en lui. Seul, un de leurs chefs, nommé Charette, a tenu jusqu'au bout. Tous les autres se sont soumis. Ils ont signé la paix avec Hoche et rendu leurs armes (×). Hoche mérita le beau nom de **Pacificateur de la Vendée.**

3. Marceau est honoré par ses ennemis. — Marceau est né à Chartres (*C*). Comme Hoche, il s'est engagé à 16 ans dans l'armée du roi. Pendant la Révolution il devient général à 23 ans. Il se bat aussi vaillamment contre les Autrichiens en Allemagne, près du Rhin (*C*). Les Autrichiens repoussent l'armée française : Marceau est chargé de protéger la retraite des Français. Soudain un soldat ennemi tire sur lui et l'atteint en pleine poitrine. Ses soldats, en pleurant, le portent sur un lit, dans une maison du village voisin.

Les Autrichiens arrivent bientôt au village.
Quand leur chef, le général Kray, apprend
que Marceau est blessé il accourt près de lui,
avec ses officiers. Tous ils le saluent avec
émotion (×).

*Qui est étendu sur le lit ? Comment sont
habillés les Autrichiens ? Pourquoi viennent-ils
saluer le corps de Marceau ?*

**4. Les marins du « Vengeur » meurent
en héros.** — La Révolution a également des
héros sur mer, comme ceux du *Vengeur*.
C'est en 1794 : plusieurs bateaux chargés de
blé arrivent près du port de Brest (C). Mais
les navires anglais apparaissent : ils vont
couler ou prendre les bateaux français.

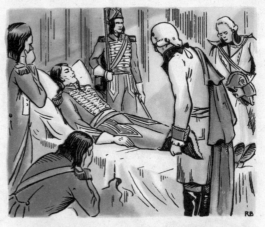

L'amiral Villaret-Joyeuse n'hésite pas :
il attaque la flotte * ennemie, qui compte
38 vaisseaux alors qu'il n'en a que 25. La
lutte est terrible : six de nos bateaux sont
coulés. L'un d'eux, le *Vengeur*, se défend
contre plusieurs navires ennemis ; son mât
est brisé, l'eau pénètre par les brèches que les
boulets de canon ont fait dans la coque *.
Bientôt, toujours en luttant, le *Vengeur* s'en-
fonce dans les eaux ; il emporte avec lui ses
vaillants matelots qui chantent la *Marseillaise*. Mais pendant le combat, les bateaux
chargés de blé ont atteint le port de Brest.

*Pourquoi les marins français se battent-ils ?
A quoi voyez-vous que le Vengeur s'est bien
battu ? Décrivez le navire de gauche.*

CE QU'IL FAUT RETENIR

1re *Année*. — **Les héros des armées révolutionnaires ont été nombreux.
Hoche et Marceau ont été deux jeunes généraux de la Révolution. Les marins du
Vengeur sont morts en chantant La Marseillaise.**

2e *Année*. — **Les héros des armées révolutionnaires ont été nombreux. Le
général Hoche a libéré l'Alsace ; il a été le pacificateur de la Vendée.
Le général Marceau a été admiré par ses soldats et même par ses ennemis.
Les marins du Vengeur sont morts en chantant La Marseillaise.**

Quel est le maréchal qui avait protégé l'Alsace ? Sous quel roi ? Pourquoi les
Vendéens ont-ils consenti à se rendre à Hoche ? Pourquoi Marceau est-il honoré
par ses ennemis ? Pourquoi les marins du « Vengeur » sont-ils des héros ?

COPIEZ (en complétant). — I. *Je n'..... jamais que la..... a sauvé mon pays.
..... empêche les Prussiens et les..... d'envahir l'..... Hoche est le..... de la Vendée. — 2. .....
est né à Versailles ;..... est né à Chartres. Les marins du..... sont morts en chantant La....:*

50. - L'empereur Napoléon Ier

BONAPARTE S'ÉLANCE SUR LE PONT D'ARCOLE. — 1. Où est l'ennemi ? Pourquoi est-il difficile de franchir le pont ? A quoi voyez-vous que le pont est bombardé ? — 2. Où est Bonaparte ? Pourquoi s'élance-t-il ? Pourquoi porte-t-il le drapeau ? Un soldat a voulu protéger son général : il vient d'être touché par les balles. — 3. Pourquoi les soldats hésitaient-ils à s'avancer sur le pont ? Ont-ils toujours peur ? Pourquoi ? — 4. Décrivez le costume de Bonaparte, du premier soldat qui avance sur le pont.

1. Le jeune Bonaparte est un travailleur infatigable.

— Napoléon Bonaparte est né en 1769, dans une famille nombreuse et peu fortunée de la Corse. Comme il veut être officier, son père l'envoie en France ; il fait ses études à l'Ecole militaire de Brienne, en Champagne, puis à celle de Paris (*C*).

C'est un grand travailleur remarqué par ses maîtres. Il ne s'amuse pas souvent avec ses camarades, qui se moquent de son accent. Quand il prend part à leurs jeux, c'est pour diriger des combats, comme, par exemple, les batailles de boules de neige. Mais, le plus souvent, pendant les récréations, il continue à étudier des problèmes sur les murs de l'école.

A 16 ans, il sort sous-lieutenant de l'école ; après ses journées de service *, rentré dans sa chambre il passe encore ses nuits à étudier.

En 1793 il devient commandant d'artillerie : il reprend **Toulon** qui avait été livré aux Anglais (*C*). Il est nommé général à 24 ans.

2. Le général Bonaparte gagne les batailles de la campagne d'Italie.

— L'armée française est attaquée en Italie par les Autrichiens (*C*). Elle est battue ; il n'y a plus de discipline. Bonaparte arrive : « Soldats, s'écrie-t-il, vous êtes nus, mal nourris. Je veux vous conduire dans les plus fertiles plaines du monde. Soldats d'Italie, manqueriez-vous de courage ? »

Les soldats l'acclament. Bonaparte n'a que 36.000 hommes et 30 canons. Il n'hésite pas à attaquer les Autrichiens forts de 70.000 hommes et de 200 canons. Il gagne 14 batailles les unes après les autres. Après **Lodi**, il entre triomphalement à **Milan** (*C*). Puis il rencontre à nouveau les Autrichiens à **Arcole** (*C*); il faut passer sur un pont sous le feu de l'ennemi ; ses soldats hésitent. Bonaparte empoigne * alors un drapeau : « Soldats, n'êtes-vous plus les braves de Lodi ? Suivez-moi ». Et il s'élance, suivi de ses troupes (×).

3. Le général Bonaparte devient l'empereur Napoléon Ier. — Par ses belles victoires Bonaparte oblige tous les ennemis de la France à signer la paix : la guerre cesse avec l'Autriche et l'Angleterre. En France, Bonaparte est devenu **Premier Consul** : c'est lui qui dirige toutes les affaires du pays. Grâce à lui, les désordres de la Révolution sont arrêtés : plus de brigands, plus de révoltés. Il autorise les émigrés à revenir en France ; les prêtres fidèles rentrent dans les églises et peuvent à nouveau dire la messe. Le peuple français connaît enfin la paix partout.

Tout cela rend Bonaparte très populaire * ; il réussit à se faire nommer **empereur des Français**, sous le nom de **Napoléon Ier**. Le pape vient à Paris pour le sacrer à Notre-Dame, le **2 décembre 1804** (×).

Qui est debout sur l'autel ? Qui est à genoux ? Que fait Napoléon Ier ? Est-ce à lui de se poser la couronne sur la tête ? Qui a apporté la couronne ? Comment sont vêtus : le pape, l'empereur et l'impératrice ?

4. L'Empereur et la Cour impériale. — Devenu empereur, Napoléon reste un *travailleur acharné*. Il dort très peu ; il garde souvent ses secrétaires une partie de la nuit. Il veut tout savoir ; sa *mémoire* est extraordinaire. Il peut dicter plusieurs lettres à la fois à ses secrétaires.

Mais c'est un *orgueilleux* qui veut dominer l'Europe, être le seul maître. Il ne recherche que *sa gloire*. Il habite aux Tuileries avec l'**impératrice Joséphine** ; il s'est entouré d'une cour nombreuse où l'on rencontre les célèbres maréchaux de l'Empire : **Masséna, Lannes, Murat, Davout, Ney.**

CE QU'IL FAUT RETENIR

1re *Année.* — **Le général Bonaparte est devenu célèbre par la campagne d'Italie. Il a été nommé empereur des Français en 1804, sous le nom de Napoléon Ier.**

2e *Année.* — **Napoléon Bonaparte a été un élève studieux. Devenu général il a remporté les célèbres victoires de la campagne d'Italie : Lodi, Arcole et Rivoli.**

Le 2 décembre 1804 il a été sacré empereur des Français, sous le nom de Napoléon Ier. Il vivait aux Tuileries avec la Cour impériale. Il est toujours resté un grand travailleur.

A quoi voyez-vous que Bonaparte était un travailleur ? Quels autres jeunes généraux de la Révolution connaissez-vous ? Quels sont les exploits de Bonaparte ? Que fait-il pour rétablir la paix en France ? Pourquoi est-il très populaire ? Quel âge a-t-il quand il est couronné empereur ? Quels rois veut-il imiter en s'entourant d'une cour ?

COPIEZ (en complétant). — *I. Napoléon..... est né dans l'île de..... Il reprend ..... aux Anglais. Il entre triomphalement à..... — 2. L'..... et l'..... signent la paix avec la France. Napoléon Ier est couronné..... à..... Il habite aux.....*

51. - La Grande Armée

LA VEILLÉE D'AUSTERLITZ. — 1. Où est Austerlitz ? Contre qui se bat Napoléon Ier ? — 2. Où est l'Empereur ? Comment est-il habillé ? Qui l'accompagne ? — 3. Est-il populaire auprès de ses soldats ? A quoi le voyez-vous ? Que lui tend l'un d'eux ? — 4. Qu'est-ce qu'un bivouac ? Comment les fusils sont-ils disposés ? Comment le camp est-il éclairé ? Que porte le soldat, à gauche ?

1. La Grande Armée est dévouée à l'Empereur. — Napoléon Ier a su réunir une armée intrépide et infatigable pour ses campagnes militaires. Tous les soldats ont confiance en lui : ce sont les célèbres « *grognards* » qui se plaignent parfois, mais qui marchent toujours.

L'Empereur passe souvent au milieu des bivouacs * ; il va d'un soldat à l'autre. « Voilà le Petit Caporal ! » dit l'un d'eux. Napoléon s'approche ; un grenadier lui tend une pomme de terre : « C'est la plus cuite, mon Empereur ! » Napoléon mange, puis il s'éloigne en criant : « Dormez bien, mes enfants ».

Napoléon récompense les plus braves en les décorant de la **Légion d'honneur** ; il leur donne des uniformes magnifiques ou les prend dans sa **Vieille Garde**.

2. Napoléon gagne la grande bataille d'Austerlitz. — La guerre contre les Autrichiens a repris. En trois mois il arrive en Autriche avec son armée. « L'Empereur fait la guerre avec nos jambes », disent les soldats. Les Autrichiens, aidés par les Russes, sont installés sur un plateau près d'**Austerlitz** (C). Napoléon Ier est dans la plaine, mais il peut voir les troupes ennemies se déplacer. Il devine l'endroit où elles vont attaquer ; il les laisse faire. Le soir il se promène à travers les bivouacs ; il est reconnu et acclamé : « Vive l'Empereur ! » (✕).

Le lendemain la bataille a lieu. **Davout** repousse les Russes qui s'enfuient à travers des étangs gelés ; beaucoup y périssent noyés. **Soult** escalade le plateau avec ses soldats et coupe les armées ennemies en deux. **Lannes** et **Murat** chargent à la tête de leurs cavaleries. La victoire reste à Napoléon Ier : c'est le **2 décembre 1805**.

Après la bataille, l'Empereur dit à ses troupes : « Soldats, je suis content de vous. Il vous suffira de dire : J'étais à Austerlitz ! pour qu'on vous réponde : Voilà un brave ! ».

3. La retraite de Russie détruit la Grande Armée. — Après Austerlitz, la guerre a continué sans arrêt un peu partout en Europe. En 1811, Napoléon Ier arrive à Moscou (C) après des batailles sanglantes contre les Russes. Mais, le lendemain, la ville est incendiée par les Russes et par les Français imprudents ; presque toutes les maisons, construites en bois, brûlent.

La Grande Armée quitte Moscou et marche dans la plaine russe. L'hiver vient, la neige tombe, il fait très froid, les soldats sont fatigués ; ils ont faim ; ils sont harcelés * sans cesse par les cosaques *. **Ney** à l'arrière-garde * fait le coup de feu avec ses soldats : on l'appelle le « Brave des Braves » (×).

Reconnaissez-vous le maréchal Ney ? Contre qui lutte-t-il ? A quoi voyez-vous que la lutte est très dure ? Remarquez l'emblème de Napoléon Ier en haut du drapeau.

4. Napoléon Ier meurt, prisonnier à Sainte-Hélène. — Tous les pays s'unissent contre Napoléon Ier ; ils le battent et l'exilent à l'**île d'Elbe** (C). Un an après, en 1815, il revient en France. Les ennemis décident de reprendre la lutte contre lui ; une grande bataille a lieu à **Waterloo** (C) : Napoléon est vaincu par les Anglais et les Prussiens, malgré la résistance héroïque de la Vieille Garde.

Napoléon se livre aux Anglais. Ceux-ci l'exilent dans l'îlot de **Sainte Hélène**, où il meurt en 1821 (C). Son corps sera ramené en France en 1840 et conduit aux Invalides.

CE QU'IL FAUT RETENIR

1re *Année.* — **Napoléon Ier a fait beaucoup de guerres avec la Grande Armée. Il a gagné la bataille d'Austerlitz. Mais la retraite de Russie a détruit son armée.**

2e *Année.* — **Napoléon Ier a fait beaucoup de guerres. Il avait des soldats remarquables qui formaient la Grande Armée. Il a gagné la bataille d'Austerlitz le 2 décembre 1805.**

La retraite de Russie a détruit la Grande Armée. Napoléon a été vaincu en 1815, à la bataille de Waterloo. Il est mort à Sainte Hélène prisonnier des Anglais.

Pourquoi les soldats de la Grande Armée sont-ils dévoués à l'Empereur ? Qu'est-ce qui prouve qu'ils avaient de l'affection pour lui ? Que veut dire : « L'Empereur fait la guerre avec nos jambes » ? Quel autre grand événement s'est passé le 2 décembre 1804 ? Pourquoi la retraite de Russie fut-elle très dure ? Où Napoléon a-t-il été exilé ?

COPIEZ (en complétant). — *1. Les soldats appelaient..... Ier « le Petit..... ». L'Empereur les décoraient de la..... d'honneur. — 2. La Grande..... a gagné la bataille d'..... ; mais elle fut détruite dans la..... de Russie. Napoléon a été vaincu à..... en 1815.*

52. - Sur les barricades

UNE BARRICADE EN 1830. — 1. Qu'est-ce qu'une barricade ? Avec quoi est-elle construite ? — 2. Pourquoi les Parisiens se révoltent-ils ? Pourquoi les insurgés ont-ils hissé plusieurs drapeaux tricolores ? — 3. Dites ce que fait chacun des personnages qui se trouvent derrière la barricade. — 4. Comment sont-ils habillés ? Y en a-t-il qui rappellent des révolutionnaires de 1789 ? — 5. Qui attaque la barricade ?

1. Les rois reviennent en France. — Après la défaite de Napoléon les rois reviennent en France : ce sont **Louis XVIII**, puis **Charles X**, tous les deux frères de Louis XVI. Le drapeau tricolore est remplacé par le *drapeau blanc* : ceci mécontente les anciens révolutionnaires et tous ceux qui veulent la république.

Louis XVIII, plein de bon sens, essaie de les rassurer. Il doit résister aux *ultra-royalistes* : ce sont des nobles, anciens émigrés, qui veulent maintenant revivre comme au temps de Louis XVI.

Charles X succède à Louis XVIII : il est aimable mais il n'a pas le bon sens de son frère. Il cède aux ultras-royalistes : il interdit aux journaux républicains de paraître, puis il renvoie les députés.

2. Les trois glorieuses : 27, 28 et 29 juillet 1830. — Beaucoup de Parisiens se révoltent une nouvelle fois. Le **27 juillet** on voit des étudiants, des bourgeois et des ouvriers se réunir en groupes dans les rues. Le **28 juillet** les insurgés * sont en armes, les anciens soldats de Napoléon Ier se joignent à eux. Les troupes du roi, qui passent dans les rues, reçoivent des tuiles, des bouteilles, des portes, des meubles même, que les insurgés jettent par les fenêtres. On dresse des barricades * à travers les rues.

Le **29 juillet** les insurgés sont les maîtres de Paris. Charles X doit s'enfuir peu après en Angleterre. Les bourgeois le remplacent par **Louis-Philippe**, nommé **roi des Français**. Les trois journées révolutionnaires sont appelées les **trois glorieuses**.

3. Sous Louis-Philippe les républicains et les ouvriers sont mécontents. — Louis-Philippe est un roi très simple : il vit comme un bourgeois. On peut le voir se promener dans les rues de Paris avec son parapluie ; parfois, il s'arrête, il bavarde avec un soldat de la garde ou avec un bourgeois.

Sous son règne, la France devient prospère : les grandes usines sont nombreuses ; on voit les premiers chemins de fer.

Nous sommes ici près de Saint-Etienne, à l'époque de Louis-Philippe : quelles mines y a-t-il ici ? Le premier chemin de fer ressemble-t-il à celui d'aujourd'hui ? Décrivez la machine, le wagon de voyageurs.

Mais les ouvriers restent très malheureux, ils travaillent parfois jusqu'à 16 heures par jour ; leurs salaires sont très bas ; ils doivent souvent vivre dans des taudis *. Leurs révoltes sont durement réprimées *.

Les républicains ont été très irrités de voir encore un roi en France. Un jour ils ont tiré sur lui avec une machine infernale montée avec vingt-cinq fusils. Le roi a échappé à cet attentat mais les républicains sont poursuivis.

4. La seconde République est proclamée par la révolution de 1848. — Les républicains et les ouvriers finissent par se révolter encore une fois. Des barricades sont construites dans les rues. Louis-Philippe doit s'enfuir en Angleterre, comme Charles X. Les vainqueurs proclament la **République** et décident que tous les citoyens agés de 21 ans auront le droit de voter : c'est le **suffrage universel.** Le grand poète **Lamartine** empêche pourtant les révolutionnaires de prendre le drapeau rouge comme emblème national : « Gardez le drapeau tricolore, leur dit-il, il a fait le tour du monde ; il s'est couvert de gloire ».

CE QU'IL FAUT RETENIR

1re *Année.* — **Les rois sont revenus avec Louis XVIII et Charles X. Paris s'est révolté pendant trois jours : ce sont les trois glorieuses. Louis-Philippe a été chassé par la révolution de 1848.**

2e *Année.* — **Les républicains ne voulaient pas accepter les nouveaux rois de France. Charles X succéda à Louis XVIII ; il fut chassé par la Révolution des trois glorieuses, les 27, 28 et 29 juillet 1830.**
Sous le règne de Louis-Philippe les républicains ont été poursuivis, les ouvriers étaient très malheureux. Ils se sont révoltés en 1848 et ont proclamé la Seconde République.

Qu'est-ce qu'un républicain ? Qu'est-ce qu'un royaliste ? Pourquoi les républicains sont-ils mécontents sous Charles X et sous Louis-Philippe ? Que veulent les ultra-royalistes ? Qu'est-ce qu'une barricade ? Pourquoi les insurgés les construisent-ils ? Pourquoi les ouvriers se révoltent-ils ? Quand la République a-t-elle été proclamée la première fois en France ? Pourquoi Lamartine a-t-il défendu le drapeau tricolore ?

COPIEZ (en complétant). — *1. ..... a cédé aux ultras..... Les 27, ... et..... juillet ont été appelés les trois..... . — 2. ..... fut un roi très simple. Sous son..... on a vu les premiers..... de fer. Le grand poète..... a défendu le drapeau.....*

53. - La conquête de l'Algérie

LA PRISE DE LA SMALAH D'ABD-EL-KADER. — 1. Qu'est-ce que la smalah ? Avez-vous déjà vu des tentes ? Celles-ci leur ressemblent-elles ? Comment sont-elles disposées au fond ? Qu'y a-t-il au milieu du cercle ? Quels animaux les Arabes élèvent-ils ? — 2. Quelles troupes arrivent ? Qui est à leur tête ? Que fait le clairon ? — 3. A quoi voyez-vous que les Arabes sont surpris ? Comment quelques-uns essayent-ils de s'enfuir au fond, à droite ? A quoi sert la nacelle sur le dos du chameau ?

Depuis le règne de Charles X, les Français font la guerre contre les Arabes, en Algérie (C).

1. Abd-el-Kader résiste aux Français.
— Les Français ont réussi à prendre **Alger** en **juillet 1838**, puis **Constantine**. Ils ont chassé le *dey* * qui avait frappé notre *consul* * avec son chasse-mouches. Mais les Arabes ne s'avouent pas vaincus. Leur chef, l'*émir* **Abd-el-Kader** est respecté : c'est un homme pieux et sage ; il est excellent cavalier et il a étonné les Arabes par sa bravoure.

Quand il apprend les victoires des Français il proclame la *guerre sainte* * : les tribus arabes se mettent sous ses ordres. Alors il devient un chef de guerre infatigable : sans cesse il se déplace, sans cesse il attaque en de petits combats. Jamais on ne sait où il se trouve ; il arrive toujours par surprise, avec des troupes beaucoup plus nombreuses que les Français.

2. Bugeaud organise des colonnes mobiles et légères.
— Louis-Philippe envoie le **maréchal Bugeaud** pour diriger la guerre contre les Arabes. Quand il arrive en Algérie il décide de faire des attaques rapides et nombreuses avec des colonnes * qui poursuivent l'émir sans relâche. Il change le costume militaire pour qu'il soit moins chaud ; il supprime le sac trop lourd. Tous les soldats, *zouaves*, *spahis* ou *chasseurs d'Afrique*, aiment leur maréchal ; ils le voient souvent marcher à leur tête malgré ses 60 ans. Il est couvert de sa célèbre casquette à deux visières. Ils l'appellent « le père Bugeaud ».

Pour obliger les Arabes à se rendre Bugeaud est impitoyable ; il organise des *razzias* contre les tribus insoumises : il prend leurs troupeaux, détruit leurs récoltes et leurs greniers à grains.

3. Le duc d'Aumale prend la smalah d'Abd-el-Kader en 1843.
— L'émir n'a

plus de capitale. Il est obligé de se déplacer avec sa *smalah*, c'est-à-dire avec sa famille, ses conseillers, ses aides, ses richesses. Un jour, le **duc d'Aumale**, fils de Louis-Philippe, est averti que la smalah campe tout près : le duc, âgé de 23 ans, n'a que 600 cavaliers et le camp ennemi est défendu par 6.000 soldats. Cependant le duc d'Aumale n'hésite pas : « Mes aïeux n'ont jamais reculé ». Il lance son cheval et, au triple galop, accompagné de ses cavaliers, il traverse le camp arabe en jetant la panique * ; on charge au sabre et à la baïonnette. En une heure la victoire est complète.

Abd-el-Kader n'a plus rien : ni richesses, ni famille, ni soldats. Il essaie de continuer la lutte, mais les tribus ne le suivent plus. En décembre 1847 il se rend. Le duc d'Aumale lui promet qu'il sera protégé : « La France oubliera le passé ».

4. Bugeaud encourage les colons. — Avant l'arrivée des Français le sol de l'Algérie était couvert de friches *, de broussailles ou de marais. Bugeaud encourage ses soldats à se faire *colons*, c'est-à-dire à travailler en Algérie. Bientôt on construit des routes, des ponts, des fermes, des villages ; on fait disparaître des marais. Les Arabes verront leur pays devenir de plus en plus prospère (×).

Les Français sont-ils venus uniquement pour faire la guerre ? Que font-ils ici ? Comment ont-ils amené l'eau jusqu'en leurs champs ? Pourquoi gardent-ils leurs fusils à portée de la main ? A quoi sert le fort construit au fond ?

CE QU'IL FAUT RETENIR

1re *Année*. — **Le maréchal Bugeaud a organisé des colonnes mobiles et légères pour lutter contre les Arabes. L'émir Abd-el-Kader s'est rendu au duc d'Aumale.**

2e *Année*. — **Après la prise d'Alger, en juillet 1830, l'émir Abd-el-Kader a proclamé la guerre sainte contre les Français. Le maréchal Bugeaud l'a attaqué avec des colonnes mobiles et légères.**
Le duc d'Aumale a réussi à prendre la smalah d'Abd-el-Kader en 1843 ; il a reçu la soumission de l'émir en 1847. Les colons ont rendu l'Algérie plus riche.

Pourquoi la guerre contre Abd-el-Kader est-elle difficile ? Que fait Bugeaud pour permettre à ses soldats de poursuivre les Arabes ? Pourquoi est-il appelé « le Père Bugeaud » ? Qu'est-ce que la smalah ? Pourquoi la prise de la smalah est-elle un grand exploit ? Que veut dire Bugeaud dans sa devise : « Par l'épée et par la charrue » ?

COPIEZ (en complétant). — *1. Le..... a été chassé après la prise d'Alger, en juillet..... -..... est le chef des Arabes. Il se déplace avec sa..... . — 2. ..... organise des..... contre les tribus insoumises. L'..... s'est rendu au duc d'..... en.....*

54. – L'exposition de 1867

.R.Bresson

DANS LES RUES DE PARIS EN 1867. — 1. Calculez combien il s'est écoulé de temps de 1867 à cette année ? — 2. Les maisons ressemblent-elles à celles de 1830 et de 1789 ? Pourquoi ? Un grand magasin se trouve en face : comprenez-vous pourquoi il y a tant de monde ? — 3. La rue est-elle pavée ? Où marchent les gens ? Quelles différences y a-t-il entre cette rue et celle du moyen âge ? — 4. Comment circule-t-on dans les rues ? Qu'est-ce qui tient lieu de tramway ou d'autobus ? Décrivez la calèche où sont assises les deux dames. — 5. Que porte l'homme, à gauche ? Pourquoi ? Tout à droite, vous voyez un bec de gaz : à quoi sert-il ? Pourquoi n'y a-t-il pas d'éclairage électrique ? — 6. Décrivez les costumes.

1. Napoléon III organise une exposition universelle. — La Seconde République n'a pas duré : **Napoléon III**, un neveu de Napoléon Ier, l'a remplacée par le **Second Empire**.

C'est une époque de grande prospérité. Partout les Français travaillent pour enrichir et embellir leur pays. Napoléon III veut montrer les progrès réalisés par la France : il décide d'organiser à Paris l'**exposition universelle de 1867**.

De toutes les provinces de France les gens viennent à Paris pour visiter l'exposition. Nous allons suivre l'un d'eux, Guillaume, un brave paysan.

2. Paris est embelli. — Guillaume se promène maintenant dans les rues. La capitale paraît toute neuve. Le baron **Haussmann**, préfet * de Paris, a détruit des milliers de vieilles maisons, puis il a fait construire de grands *immeubles* * ; il a remplacé les rues étroites du moyen âge par de larges *avenues*, par des *boulevards* * ; le soir, les rues sont éclairées au *gaz* ; partout il y a des *égouts*. Guillaume ne manque pas d'aller voir l'*Opéra* où l'on donne des ballets magnifiques.

Il passe aux *Halles*, construites en fer, où tout Paris se ravitaille. Il va faire aussi une visite aux *grands magasins*, où l'on peut acheter toutes sortes de choses : *Le Bon Marché, La Belle Jardinière, Le Louvre, Le Printemps*. Partout Guillaume est étonné par la foule qui circule dans les rues (×).

3. Guillaume visite l'exposition. — Guillaume se rend aujourd'hui à l'exposition. Il prend un *omnibus* * et, pour mieux voir la rue, il monte sur l'*impériale* *. Au petit trot des chevaux, il arrive à l'exposition, qui s'étend sur le Champ de Mars. Guillaume admire la *charpente * en fer* du palais : c'est une grande nouveauté pour lui. Dans les différentes galeries du palais il peut voir toutes sortes de machines construites par les usines du Creusot : machine à vapeur, locomotives, canons. Il s'arrête devant les machines à tisser la soie, la laine, le coton. Plus loin, il se trouve devant la machine à coudre Singer qui permet de fabriquer des vêtements en grand nombre et très vite. Puis il admire les magnifiques soieries fabriquées à Lyon pour les *crinolines * des dames.

4. Guillaume s'en va par le chemin de fer. — Guillaume est maintenant content : il a vu des choses merveilleuses. Il retourne chez lui. Le voici à la gare de Lyon : c'est ici qu'est arrivé le pacha d'Egypte ; on lui a dit que l'empereur de Russie, le *tsar* Alexandre II, est arrivé par la gare du Nord. C'est que le baron Haussmann a fait construire de nombreuses *gares* à Paris.

Guillaume monte dans le train. Il se souvient : il y a vingt ans, le *chemin de fer* existait à peine. On commençait à en parler. Aujourd'hui des voies ferrées partent de Paris vers toutes les régions de France. Le voyage est beaucoup plus rapide et moins cher qu'au temps des *diligences *. Le train part. « Au revoir Guillaume », crient ses amis (×).

De quelle manière peut-on voyager en 1867 ? Ce train ressemble-t-il au premier que nous avons vu ? Pourquoi les diligences vont-elles bientôt disparaître ?

CE QU'IL FAUT RETENIR

1re *Année*. — **Le second Empire a été une époque de prospérité pour la France. L'empereur Napoléon III a organisé l'exposition universelle de 1867.**

2e *Année*. — **Le second Empire a été une époque de prospérité pour la France. Paris a été embelli par le baron Haussmann. Toutes les grandes voies ferrées ont été construites.**

Des grands magasins se sont ouverts. A l'exposition de 1867 on a pu admirer le beau travail de l'industrie française.

Citez les empereurs de l'Histoire de France que vous connaissez ? Quel est le premier Empire français ? Comment voyageait-on avant les chemins de fer ? Quels étaient les véhicules utilisés dans les rues de Paris ? Pourquoi le baron Haussmann a-t-il remplacé les rues étroites par de larges avenues ? Que pouvait-on voir à l'exposition de 1867 ?

COPIEZ (en complétant). — *1. Le règne de..... s'appelle le Second..... Le baron..... a embelli Paris. Les usines du..... fabriquent des machines. — 2. Le chemin de fer a remplacé les..... La charpente en..... est employée sous le Second Empire. L'Empereur de..... s'appelle le tsar.*

55. - Gambetta et Jules Ferry

CANTINE MUNICIPALE

R.Bresson

LA MISÈRE DES PARISIENS PENDANT LE SIÈGE DE 1870. — 1. Qu'est-ce que faire le siège d'une ville ? Qui fait le siège de Paris ? Les Parisiens peuvent-ils sortir de leur ville ? Pourquoi ? En quelle saison a lieu le siège de Paris ? — 2. Pourquoi les boutiques n'ont-elles plus rien à vendre ? Qu'attendent tous les gens devant cette maison ? Lisez l'inscription, au-dessus de la fenêtre : que signifient ces mots ? Pourquoi y a-t-il des soldats ? — 3. Que font les gens sur la place ? Pourquoi ? A quoi servaient ces arbres ?

1. Gambetta proclame la Troisième République. — Napoléon III a eu l'imprudence de déclarer la guerre à la Prusse : le ministre prussien **Bismarck** n'attendait que ce moment-là car il avait bien préparé les armées de son pays. De plus il a tous les Allemands avec lui. Les armées françaises, mal commandées, mal équipées, sont repoussées. L'empereur Napoléon III est encerclé et fait prisonnier à **Sedan**, avec toute son armée.

Quand cette nouvelle arrive à Paris, les républicains veulent supprimer le Second Empire. Ils se souviennent que Napoléon III les a emprisonnés ou exilés. Un jeune avocat républicain, **Gambetta**, s'écrie devant les députés : « Napoléon III a cessé de régner ». Gambetta et ses amis vont ensuite à l'Hôtel de Ville : la **Troisième République** est proclamée le **4 septembre 1870** ; elle durera jusqu'en 1940.

2. Gambetta organise la Défense Nationale. — L'ennemi avance toujours ; bientôt il assiège Paris. Gambetta, qui a été nommé au gouvernement, quitte Paris en ballon. Il va à **Tours** pour regrouper les armées (C) ; là, il déclare « la Patrie en danger ».

Les Allemands croyaient les Français épuisés. Gambetta réussit pourtant à reformer plusieurs armées avec plus de 500 000 hommes et 1 400 canons. La lutte reprend : le général **Chanzy** attaque dans la vallée de la Loire, le général **Faidherbe** attaque dans le Nord. Mais ces courageuses armées sont battues par un ennemi beaucoup plus fort.

Paris résiste toujours malgré le froid de l'hiver et les bombardements. Mais les Parisiens n'ont plus de pain, ni de viande, ni de charbon (×). Il faut capituler. Les Allemands nous prennent l'**Alsace** et la **Lorraine** en 1871 (C). Pourtant Gambetta a sauvé l'honneur du pays.

Regardez l'exode des Alsaciens en 1871. Pourquoi partent-ils ? Qu'emportent-ils avec eux ? Devinez pourquoi les coiffes des Alsaciennes sont noires. Voyez-vous des soldats allemands ?

3. Jules Ferry rend l'enseignement obligatoire. — Jules Ferry veut que tous les enfants soient instruits ; pour devenir un bon citoyen, il faut savoir lire, écrire, réfléchir. Mais il n'y a pas assez d'écoles. Jules Ferry décide d'en faire construire dans toutes les communes ; les enfants, entre 6 ans et 14 ans, sont *obligés* d'y aller.

Il décide aussi que les écoles publiques seront *gratuites* et *laïques*, c'est-à-dire qu'on ne devra pas y parler de Dieu, ni dire des paroles contre la religion. Mais beaucoup de parents préfèrent payer et envoyer leurs enfants dans les écoles chrétiennes, où l'on apprend à aimer et servir le bon Dieu.

4. Jules Ferry fait conquérir la Tunisie et le Tonkin. — Jules Ferry veut aussi que la France possède de nombreuses colonies.

Il profite d'une attaque de la frontière de l'Algérie par des tribus tunisiennes pour envoyer un corps expéditionnaire * en **Tunisie** (C). En quelques semaines la conquête est faite : le *bey* * de Tunis reconnaît notre *protectorat*, c'est-à-dire qu'il accepte d'être protégé par la France.

Jules Ferry, pour venger la mort du commandant Rivière tué par les Annamites, envoie un autre corps expéditionnaire au **Tonkin** (C).

Mais, à la suite d'une défaite sans importance, il est chassé du gouvernement par ses adversaires. Pourtant, c'est grâce à lui que nous avons le Tonkin.

CE QU'IL FAUT RETENIR

1re *Année.* — **Gambetta a proclamé la Troisième République et organisé la Défense Nationale. Jules Ferry a rendu l'école obligatoire. Il a décidé la conquête de la Tunisie et du Tonkin.**

2e *Année.* — **Le Second Empire a disparu après la défaite de Sedan. Gambetta a proclamé la Troisième République le 4 septembre 1870 ; il a organisé la Défense Nationale contre les Allemands.**

Jules Ferry a rendu l'enseignement primaire obligatoire. Il a obtenu le protectorat de la France sur la Tunisie. Il a décidé la conquête du Tonkin.

Pourquoi donne-t-on à la république le qualificatif de troisième ? Sous quels règnes les républicains ont-ils été poursuivis ? Quand la Patrie avait-elle déjà été déclarée en danger ? Quelles provinces les Allemands nous ont-ils prises ? Qui instruisait les enfants, autrefois ? Pourquoi l'école chrétienne est-elle payante ? Pourquoi le renvoi de Jules Ferry fut-il une injustice ?

COPIEZ (en complétant). *1. ..... a été fait prisonnier à..... -..... a quitté..... en ballon..... et..... sont deux généraux de la guerre de 1870. — 2. Les..... publiques sont laïques. Dans les écoles..... on apprend à aimer Dieu. Le..... de Tunis a reconnu notre.....*

56. - Le missionnaire

LE MISSIONNAIRE ENSEIGNE LE CATÉCHISME AUX PETITS NOIRS. — 1. Où se passe la scène ? Que fait le missionnaire ? Pourquoi est-il en blanc ? — 2. Que font les habitants du village : les hommes ? les femmes ? — 3. Quelles constructions voyez-vous dans le village ? Reconnaissez-vous la chapelle ?

La France n'a pas seulement envoyé des soldats et des colons dans les pays lointains. Des milliers de missionnaires, **Pères** et **Sœurs**, sont partis vers des régions inconnues pour soulager les misères et faire connaître le bon Dieu.

1. Le Père arrive dans un village de l'Afrique Noire. — Le Père a marché de longs jours à travers la forêt vierge : il arrive dans un village nègre (C). Il n'est pas très bien accueilli.

Il y a quelques années, un autre missionnaire était déjà venu ; mais le sorcier * était jaloux de lui et il l'a fait assassiner.

Le Père qui arrive aujourd'hui sait cela. Pendant plusieurs jours personne ne s'approche de lui. Il construit une *case* * où il installe une *chapelle*.

2. Le missionnaire soigne les malades. — Un jour il traverse le village : les enfants se sauvent, l'un d'eux tombe. Le bon Père le relève ; le petit nègre est blessé au genou. Le Père le prend dans ses bras, il le soigne, le console. Le lendemain son petit ami lui dit bonjour ; les habitants du village ne se cachent plus. Le Père s'approche d'eux, tous l'écoutent ; il les fait rire. Mais non, le Père n'est pas méchant !

Maintenant il va dans les cases, il se penche sur les malades, il fait des pansements ; il guérit mieux que le sorcier. Quand quelqu'un souffre, vite on va chercher le Père.

Le Père va visiter d'autres villages ; il marche pendant des jours sous la forêt, dans la savane, à travers les marécages. Partout il est bien accueilli parce que le *tam-tam* annonce la bonne nouvelle. En passant il soigne les malades, il promet de revenir.

3. Le missionnaire construit une chapelle. — Le Père est maintenant aimé de tous. Les enfants viennent vers lui : ils sont intéressés par tout ce qu'il fait. Ils veulent savoir ce que c'est que la messe.

Alors le Père les fait ranger autour de lui.

Il leur raconte les miracles faits par Jésus, il leur dit pourquoi Jésus est mort, combien il a souffert. Peu à peu les enfants apprennent le *catéchisme*. Eux aussi veulent devenir chrétiens (×).

Puis, un jour, c'est la joie : plusieurs enfants, avec leurs parents, ont demandé à être *baptisés*. Ce sont les premiers chrétiens du village. Plus tard d'autres viennent encore.

Le Père décide de construire une chapelle plus grande pour permettre à tous d'assister à la messe. Tout le village veut l'aider. Il faut que la chapelle soit plus belle que toutes les autres cases... Dans la forêt il y a un nouveau village chrétien.

4. Dans le monde entier les missionnaires se dévouent. — Inlassablement ils font le bien. Ils fondent des *hôpitaux*, des *léproseries*, des *dispensaires*. Chaque Père se fait médecin ; chaque Sœur devient infirmière.

Ils ouvrent aussi des *écoles* où ils instruisent les enfants, des *ateliers* où les jeunes gens apprennent un métier. Les Sœurs montrent aux jeunes filles comment faire la cuisine, comment avoir une maison propre, comment soigner les bébés (×).

Voici des Sœurs dans une île de l'Océanie : Pourquoi vient-on les voir ? Que fait la Sœur,

à gauche ? Et celle qui est au milieu ? Pourquoi montrent-elles ici un grand dévouement ?

Tous bâtissent des *chapelles*, des *églises*, ils enseignent le catéchisme, ils baptisent. Ils ont même la joie de voir des nègres, des Chinois se faire *prêtres*.

CE QU'IL FAUT RETENIR

1re *Année.* — **Beaucoup de missionnaires français sont partis dans des régions inconnues. Ils soignent les malades, instruisent des enfants et font connaître Dieu.**

2e *Année.* — **Les missionnaires français sont allés dans des régions inconnues, souvent au péril de leur vie. Ils ont soigné les malades, fondé des hôpitaux et des léproseries.**
Ils ont ouvert des écoles, ils apprennent aux jeunes gens à travailler. Ils font connaître Dieu, ils baptisent, ils construisent des églises.

Connaissez-vous des religieuses qui s'occupaient des pauvres gens avec Saint Vincent de Paul ? Pourquoi le missionnaire est-il mal accueilli ? Comment inspire-t-il confiance ? Pourquoi les habitants du village viennent-ils vers lui ? Connaissez-vous des missionnaires ? Lesquels ? Que font-ils ? Qui peut raconter la vie d'un missionnaire ? Comment peut-on aider les missionnaires ?

COPIEZ (en complétant). — *1. Le..... était jaloux du missionnaire. Le..... soigne les malades. Il instruit les....., il leur apprend le..... — 2. Chaque..... doit être un peu médecin ; chaque..... doit se faire infirmière. Les missionnaires..... des chapelles.*

57. - Les chefs de la Grande Guerre

CLEMENCEAU VISITE UNE TRANCHÉE. — 1. Qu'est-ce qu'une tranchée ? De quel côté se trouve l'ennemi ? Que fait le soldat de droite ? — 2. A quoi servent les sacs de sable au-dessus de lui ? Comment est protégé l'abri d'où sortent les officiers ? — 3. Regardez la campagne : y a-t-il encore des arbres ? Pourquoi ? A quoi servent les fils de fer barbelés ? — 4. Pourquoi la vie dans les tranchées est-elle très dure ? Pourquoi Clemenceau tient-il à visiter les soldats dans les tranchées ?

En août 1914 la guerre éclate une nouvelle fois entre l'Allemagne et la France ; elle va durer jusqu'en 1918. La France a des alliés : les Anglais, les Russes, les Belges, plus tard les Italiens et les Américains. L'Allemagne a avec elle les Autrichiens et les Turcs (C).

1. Le général Joffre arrête les Allemands à la bataille de la Marne. — Les armées allemandes envahissent la France. Les Français ne croyaient pas qu'elles passeraient par la Belgique, petit pays qui n'était pas en guerre (C). Aussi nos armées sont débordées ; elles doivent battre en retraite malgré des résistances héroïques dans les Ardennes, à **Charleroi** et à **Maubeuge** (C). Les Allemands traversent la Marne (C).

Le chef des armées françaises, le **général Joffre**, décide alors de contre-attaquer.

Malgré leur fatigue, les soldats français se retournent contre l'ennemi ; le clairon sonne. Pendant six jours c'est une lutte acharnée. Les Allemands, surpris, sont bientôt obligés de reculer à leur tour.

La **bataille de la Marne**, en **septembre 1914**, a sauvé la France.

2. Clemenceau est surnommé le Père la Victoire. — Cependant la guerre se prolonge ; des batailles sanglantes font pleurer des mamans et des enfants. **Clemenceau** est appelé au gouvernement à l'âge de 76 ans. C'est un Vendéen tenace, énergique, avec une santé de fer : à 4 heures du matin il est au travail, jusqu'à minuit. C'est aussi un ardent patriote. On lui demande ce qu'il va faire. Il répond : « Je fais la guerre. Je fais toujours la guerre. Je continuerai jusqu'au dernier quart d'heure, car c'est nous qui aurons le dernier quart d'heure. »

Il redonne confiance à tous. Il va dans les tranchées, bavarde avec les soldats qui l'appellent le « Père la Victoire » (×).

3. Le général Foch oblige les Allemands à signer l'armistice le 11 novembre 1918. — Le **général Foch** devient le chef des armées françaises, anglaises, belges, américaines. Grâce à Clemenceau, il a des soldats bien armés et décidés à lutter jusqu'à la victoire.

Il n'hésite pas : « Mon plan n'est pas compliqué, je veux me battre ; je me battrai sur la Somme, je me battrai en Lorraine, en Alsace » (C). Et sans répit il attaque les Allemands ; partout les soldats sont soutenus par les *avions* et les *chars d'assauts* ou *tanks*. Les Allemands reculent, abandonnent un matériel * considérable et de nombreux prisonniers. Foch se prépare à envahir l'Allemagne ; mais l'ennemi, démoralisé *, capitule. Des Allemands viennent signer l'armistice * à **Rethondes** où Foch les reçoit dans son wagon (C): c'est le **11 novembre 1918**.

Les provinces d'**Alsace** et de **Lorraine** redeviennent françaises (×).

Pourquoi les Français reviennent-ils à Strasbourg ? Quand l'Alsace avait-elle été enlevée à la France ? A quoi voyez-vous la joie des Alsaciens ?

La guerre est finie ; mais des millions d'hommes sont morts, laissant des veuves et des orphelins. Des régions sont dévastées, des villes sont détruites. La guerre a été terrible.

CE QU'IL FAUT RETENIR

1re *Année.* — **La Grande Guerre a eu lieu contre l'Allemagne. Les chefs des armées françaises sont été les généraux Joffre et Foch. Clémenceau a été surnommé le « Père la Victoire ».**

2e *Année.* — **La Grande Guerre a eu lieu contre l'Allemagne, de 1914 à 1918.** Le général Joffre a arrêté les Allemands à la bataille de la Marne. Clémenceau a redonné courage aux Français ; il a été appelé le « Père la Victoire ». Les Allemands ont signé l'armistice le 11 novembre 1918 devant le général Foch. Ils nous rendaient l'Alsace et la Lorraine.

Combien d'années et de mois a duré la grande guerre ? Pourquoi les généraux Joffre et Foch ont-ils été nommés maréchaux ? Pourquoi la bataille de la Marne est-elle une grande bataille ? Que voulait dire Clémenceau par ces paroles : « Je fais la guerre » ? Pourquoi est-il appelé le « Père la Victoire » ? Quelles sont les nouvelles armes utilisées pendant la Grande Guerre ? Quand l'Alsace et la Lorraine avaient-elles été enlevées à la France ? Combien d'années sont-elles restées à l'Allemagne ?

COPIEZ (en complétant). — *I. La victoire de la..... a sauvé la France. -..... et..... ont été deux grands généraux français. -..... était un ardent patriote. — 2. L'..... est signé à..... le..... novembre..... L'..... et la..... nous sont rendues.*

58. - Verdun

L'HEURE DE L'ASSAUT EN 1917. — 1. Qu'est-ce que « donner l'assaut»? Qui attaque en ce moment ? Où sont les Français ? Et les Allemands ? — 2. Pourquoi les soldats ont-ils un masque ? Qu'ont-ils au bout du canon de leur fusil ? Que tient dans sa main le soldat français caché dans le trou. — 3. Par quoi sont-ils aidés ? Le char d'assaut et les avions ressemblent-ils à ceux d'aujourd'hui ? Essayer d'expliquer pourquoi on a dit que « Verdun était un enfer ». Pourquoi la guerre est-elle une chose horrible ?

La Grande Guerre n'a pas été gagnée seulement par les chefs des armées : n'oublions jamais les sacrifices et le courage de chaque soldat qui, lui aussi, gagne les batailles.

1. Le « Poilu » vit pendant trois ans dans les tranchées. — Les Allemands, après leur défaite de la Marne, ont creusé des tranchées pour s'y abriter. Les Français et les Anglais ont dû faire de même.

Les soldats, qui gardent leur barbe, sont appelés les *poilus* : leur vie de chaque jour est terrible. La tranchée est remplie de boue, parfois de morts ; il faut rester là, sous la pluie, dans la neige ou sous le soleil.

Les rats envahissent la tranchée, dévorent le ravitaillement. Soudain un sifflement suivi d'une détonation effrayante : c'est une *torpille* * qui sème la mort ; l'ennemi creuse des *mines* sous la tranchée et les fait sauter.

Certains jours c'est l'attaque : des grenades, des obus tombent sur la tranchée ; par-

fois des *gaz asphyxiants* * l'envahissent. Puis il faut repousser l'ennemi, se battre à la baïonnette entre les deux tranchées (×).

2. A Verdun, les Allemands ne passeront pas. — Les Allemands ont décidé de frapper un grand coup à **Verdun** (C) ; c'est une place forte qui est entourée par l'ennemi sur trois côtés. Pour ravitailler les Français qui la défendent, il n'y a qu'une seule route, la *Voie Sacrée*, et une petite voie ferrée.

En février 1916 les Allemands écrasent la région sous un déluge d'obus envoyés par plus de 1 000 canons. Puis ils s'élancent à l'attaque : les Français se défendent héroïquement mais, moins nombreux, ils sont peu à peu repoussés ; les Allemands s'emparent du fort de **Douaumont** et se rapprochent de Verdun.

C'est à ce moment que le **général Pétain** est chargé de défendre la place forte. Sur la *Voie Sacrée* et la voie ferrée il fait venir à

Verdun des renforts, des munitions, des canons. Partout c'est une lutte féroce, un corps à corps incessant. Pas de repos, toujours l'attaque, toujours les bombardements ; le général Pétain redonne confiance à tous : « Courage ! On les aura ! » dit-il. Et tous les « poilus », les courageux soldats de Verdun répètent : « Ils ne passeront pas ! »

Et c'est vrai : les Allemands sont arrêtés, ils n'ont pas passé. En décembre 1917, le général Nivelle, peut crier : « Victoire ! Victoire éclatante ! » Verdun est en effet la plus grande bataille de la guerre.

3. Les héros du fort de Vaux — La défense du fort de Vaux est un exemple du courage français, dans la bataille de Verdun.

Les Allemands ont encerclé le fort ; pendant six jours les Français enfermés résistent dans un véritable enfer : ils sont bombardés à coups de grenades, à moitié asphyxiés par la fumée, brûlés par les lance-flammes *. Le commandant Raynal a décidé de tenir jusqu'au bout.

Mais les morts sont nombreux : on n'a pas le temps de les ensevelir. Les blessés souffrent, leurs pansements ne peuvent pas être refaits car il n'y a plus une goutte d'eau. Il faut capituler.

Quand la guerre a été finie les chefs et leurs vaillants soldats ont défilé sous l'Arc-de-triomphe, à Paris : la foule les a acclamés. Sous l'Arc-de-triomphe ont été déposés les restes d'un soldat inconnu : une flamme veille, jamais éteinte.

CE QU'IL FAUT RETENIR

1re *Année.* — **Le poilu a souffert pendant trois ans dans les tranchées. La plus grande bataille de la guerre a été celle de Verdun : les soldats se sont battus dans un véritable enfer.**

2e *Année.* — **Le poilu a souffert pendant trois ans dans les tranchées. Il marchait dans la boue ; il devait repousser les attaques ennemies à la baïonnette.**
Verdun est la plus grande bataille de la guerre. Le général Pétain a arrêté l'avance des Allemands. Des résistances héroïques ont eu lieu aux forts de Douaumont et de Vaux.

Connaissez-vous un homme qui utilisait les tranchées pour attaquer une place forte ? Pourquoi la vie est-elle très dure dans les tranchées ? Quelle est la différence entre une grenade et un obus ? Pourquoi était-il difficile de défendre Verdun ? Combien de temps la bataille de Verdun a-t-elle duré ? Pourquoi est-elle une grande bataille ? Pourquoi la garnison du fort de Vaux a-t-elle capitulé ?

COPIEZ (en complétant). — *1. Le soldat a été appelé le..... Il vivait dans les..... Les Allemands ont, les premiers, employés les gaz..... . — 2. La..... était la seule route qui allait à..... Le général..... a dit : « On les aura ». Les forts de..... et de..... ont dû capituler.*

59. - Lyautey, le Marocain

LYAUTEY A LA POURSUITE DES DISSIDENTS. — 1. Qu'est-ce que les dissidents ? Pourquoi Lyautey les poursuit-il ? Comment est-il habillé ? Que signifient les étoiles qu'il a sur sa manche ? — 2. Que demande-t-il à l'Arabe ? Est-ce que l'Arabe a l'air de le renseigner volontiers ? — 3. L'Arabe a-t-il une vie très sûre ? Pourquoi porte-t-il son fusil en bandoulière ? Qu'a t-il à craindre ? En voyez-vous un autre qui porte également son fusil ? — 4. A quoi sert la construction qui se trouve derrière l'Arabe ?

La France a eu de grands conquérants coloniaux. **Brazza** a fait la conquête du Congo sans tirer un coup de fusil (C). **Galliéni** a rendu Madagascar plus prospère (C). Cependant, le plus grand colonial de notre histoire, c'est **Lyautey**.

1. Lyautey pacifie le Maroc. — La France a déjà obtenu le *protectorat du Maroc* (C) quand le général Lyautey y arrive en 1912. Mais le *sultan* n'est pas obéi ; les tribus se font des guerres sauvages ; quand on franchit les remparts des villes et qu'on se trouve dans la campagne on risque souvent d'être dépouillé et égorgé. Les tribus des montagnes surtout refusent de se soumettre.

Lyautey, en trois ans, réussit à imposer son autorité aux tribus des plaines. Avec des colonnes mobiles, sous le soleil ardent, souffrant souvent de la soif, il pénètre ensuite dans les régions insoumises. Peu à peu les tribus de la montagne jettent leurs armes, les grands chefs s'inclinent et acceptent d'obéir au sultan.

Souvent Lyautey n'a pas à faire usage de ses armes (×).

2. Lyautey transforme le Maroc. — Les Marocains s'aperçoivent bien vite que Lyautey n'est pas venu dans leur pays pour les déposséder. Il a respecté leurs coutumes, leurs croyances, et maintenant il va tout faire pour leur donner plus de bien-être.

Une œuvre magnifique est entreprise : Lyautey ouvre des routes, construit des chemins de fer. Des villes s'agrandissent, comme **Casablanca** et **Rabat** (C). Il dit lui-même : « Peu d'hommes ont bâti autant de villes que moi ».

Il construit aussi des ponts, fait creuser des mines, encourage la culture. Pendant la Grande Guerre, il organise deux expositions, l'une à **Casablanca**, l'autre à **Fez** (C) : les Marocains y viennent en foule (×).

Où se passe cette scène ? Qu'est venu voir Lyautey ? Pourquoi ? Par qui a-t-il été reçu ? Est-il bien reçu ? Décrivez l'entrée de l'exposition ? Décrivez les costumes de Lyautey, du sultan des soldats.

D'ailleurs on peut maintenant voyager sans escorte le long des routes ; de temps en temps on aperçoit les tentes groupées d'une tribu : il n'y a plus rien à craindre.

Le Maroc sort de la misère dans laquelle Lyautey l'a trouvé à son arrivée. Les Marocains finissent par admirer et aimer ce chef merveilleux et bon.

3. Le maréchal Lyautey repose à Rabat. — En 1925 Lyautey quitte le Maroc. Quand il va prendre le bateau, le port est couvert de Français et de Marocains ; beaucoup ont les larmes aux yeux. Lyautey franchit la passerelle, le bateau part ; alors, dans tout le port, on entend un immense vacarme de sirènes et de sifflets. De tous côtés des remorqueurs, des canots, des barques de pêcheurs suivent le bateau pour lui faire une escorte.

Revenu en France, c'est lui qui organise la magnifique **exposition coloniale de 1931**. Mais, trois ans après, dans un petit village

de Lorraine, il meurt en grand chrétien. L'année d'après, son corps est ramené au Maroc, dans « cette terre qu'il a tant aimée » et où il a désiré être enterré. Il repose aujourd'hui à **Rabat** (*C*).

RB

CE QU'IL FAUT RETENIR

1re *Année.* — **Lyautey est le plus grand colonial de notre histoire. Il a pacifié le Maroc. Puis il l'a rendu prospère en faisant construire des villes, des routes et des chemins de fer.**

2e *Année.* — **Brazza a fait la conquête du Congo. Galliéni a enrichi Madagascar. Lyautey a pacifié et transformé le Maroc.**
Lyautey a respecté les coutumes des Marocains. Il a bâti des villes, des ponts ; il a construit des routes et des chemins de fer. Il fut beaucoup aimé des Marocains. Il repose aujourd'hui à Rabat.

Quelles sont les premières colonies que nous avons perdues au traité de Paris ? Quelles sont les autres colonies que les Français ont conquises ensuite ? Pourquoi les tribus des montagnes sont-elles plus difficiles à soumettre que les tribus des plaines ? Pourquoi le Maroc était-il dans la misère à l'arrivée de Lyautey ? Pourquoi les Marocains ont-ils aimé Lyautey ? Qu'est-ce qui montre qu'ils l'aimaient beaucoup ?

COPIEZ (en complétant). — *1. ..... est le plus grand..... de notre histoire. Le Congo a été conquis par..... Galliéni a rendu..... plus prospère. — 2. ..... et..... sont deux grandes villes construites par Lyautey. Celui-ci a organisé l'..... coloniale de.....*

60. - Leclerc

L'EXODE DES FRANÇAIS EN 1940. — 1. Qu'est-ce qu'un exode ? Pourquoi tous ces gens s'en vont-ils ? — 2. Qu'emportent-ils avec eux ? N'ont-ils rien laissé ? Est-ce qu'il est facile d'avancer sur la route ? Pourquoi ? — 3. N'y a-t-il pas des dangers sur la route ? Lesquels ? Le voyez-vous sur cette image ? — 4. Pourquoi cet exode est-il triste ? Quand les gens reviendront-ils chez eux ? Sont-ils sûrs de retrouver tout ce qu'ils ont laissé ?

1. Les Allemands envahissent la France en 1940. — Beaucoup d'Allemands veulent venger leur défaite de 1918. Leur chef, **Hitler**, n'hésite pas à se jeter dans une nouvelle guerre. Hélas, la France n'est pas prête. Les Allemands sont bien entraînés, bien armés de fusils et de canons ; ils sont protégés par des avions et des tanks. Les armées françaises reculent. Les gens quittent leurs fermes, leurs villages, leurs villes et s'enfuient vers le Sud de la France : c'est l'*exode* (×). Paris est pris. Les Allemands envahissent presque toute la France : ils font *deux millions de prisonniers*. Pour arrêter une guerre inégale le maréchal Pétain, chef du gouvernement, signe l'armistice.

2. Les Français subissent l'occupation allemande. — Les Allemands restent en France et s'installent partout. On doit leur livrer des bêtes, du blé, des pommes de terre : c'est la *réquisition*. Puis ils veulent obliger les jeunes gens à aller travailler dans les usines allemandes.

Beaucoup de Français refusent d'obéir ; les Allemands les recherchent ; s'ils sont pris ils risquent d'être torturés, puis fusillés ou *déportés* dans des *camps de concentration*.

Pour échapper aux Allemands, les Français poursuivis se cachent dans les bois ou dans la montagne : ils forment la « **Résistance** ». Ils obéissent aux ordres que leur donne le **général de Gaulle**, réfugié à Londres (*C*). Parfois ils attaquent des convois allemands.

3. Leclerc jure de combattre pour libérer la France. — Le **18 juin 1940** le général de Gaulle a lancé un appel aux Français : « Nous avons perdu une bataille mais nous n'avons pas perdu la guerre ». Il veut continuer la lutte aux côtés des Anglais, des Américains et des Russes.

Des Français lui répondent : au risque

de leur vie ils s'échappent de France et vont rejoindre le général de Gaulle. L'un d'eux est **Leclerc**, un officier. Il est envoyé en Afrique (C) pour rassembler tous ceux qui voudront lutter pour délivrer la France. Leclerc rassemble une petite troupe : « Nous ne nous arrêterons, dit-il, que lorsque le drapeau français flottera sur Metz et Strasbourg ».

4. Leclerc aide à libérer la France. — Le 6 juin 1944 les Américains, les Anglais, les Canadiens et les Français débarquent sur les plages de **Normandie** (C). 10 000 avions les protègent ; des milliers de tanks, de camions et de canons sont aussi débarqués.

Un autre débarquement a lieu en **Provence** (C), avec **de Lattre de Tassigny**.

Leclerc est là : il est général et chef d'un groupe de tanks qui s'appelle **la 2e D. B.** (Division blindée). Le 25 août il entre à Paris (C), au moment où les hommes de la Résistance chassent les derniers Allemands (×)

Voyez les chars de la 2e D. B. qui traversent une ville. Qu'est-ce qu'un char ? L'ennemi s'est-il défendu ? A quoi le voyez-vous ? Que fait l'homme de gauche avec ses doigts ? Les soldats sont-ils habillés comme ceux de 1914 ?

Leclerc et ses soldats sont acclamés par les Parisiens. En novembre ils entrent enfin à Strasbourg (C).

Partout les Allemands reculent ; le 8 mai 1945 ils capitulent pour éviter la destruction complète de leur pays.

CE QU'IL FAUT RETENIR

1re *Année.* — **Les Allemands ont envahi la France. Les Français ont beaucoup souffert pendant l'occupation. La France a été libérée par les Américains, les Anglais et les soldats du général Leclerc.**

2e *Année.* — **Les Allemands ont envahi la France en 1940. Beaucoup de Français furent poursuivis. Un grand nombre formèrent la Résistance.**
Le général de Gaulle, réfugié à Londres, demanda aux Français de continuer la lutte. Beaucoup ont rejoint l'armée de Leclerc. La France a été libérée en 1944.

Combien de fois la France et l'Allemagne ont-elles été en guerre depuis Napoléon III ? Qu'est-ce que l'exode ? Combien de temps l'occupation a-t-elle duré ? Pourquoi les Français étaient-ils poursuivis ? Qu'est-ce que la Résistance ? Quels sont les autres peuples qui ont fait la guerre à l'Allemagne ? Qu'est-ce que le général de Gaulle a fait ? Dans quelle ville la 2e D.B. est-elle entrée la première ?

COPIEZ (en complétant). — *I. Les Allemands avaient pour chef..... Pendant l'..... tous les gens fuyaient sur les routes. Beaucoup de..... sont morts dans les..... de concentration. — 2. Le général de..... a lancé un appel le..... juin 1940. Le débarquement a eu lieu sur les plages de..... et en..... Leclerc était chef de la.....*

61. - Nous sommes à l'époque contemporaine

1. Que représentent ces images...?

1   2   3   4

5   6   7   8

2. Répondez aux questions.

1. En quelles années y a-t-il eu des révolutions ? Pourquoi ? — 2. Pourquoi notre drapeau a-t-il trois couleurs ? Comment s'appelait tout d'a bord notre hymne national ? Pourquoi l'appelle-t-on la Marseillaise ? — 3. Quels sont les grands chefs de guerre que vous connaissez, depuis la Révolution ? Quelles sont le urs grandes victoires ? — 4. Quelles sont les grandes inventions qui ont été faites pendant cette période ? — 5. Quels sont les hommes qui ont combattu dans les colonies ? Qu'ont-ils fait ? — 6. Les guerres de 1870, de 1914 et de 1940 se ressemblent-elles ? Qui a été vainqueur ? — 7. Que s'est-il passé, pendant cette période : à Paris, en Bretagne, en Alsace, en Lorraine, en Normandie, en Provence ?

3. Qu'est-ce que...?

1. — Un volontaire de 1792 ? un émigré ?, un Chouan ? un suspect ? un grognard ? un cosaque ? un colon ? un poilu ?

2. — La cocarde tricolore ? Les Tuileries ? Le Temple ? Le moulin de Valmy ? une barricade ? une smalah ? une tranchée ?

4. Comment s'appellent...?

— Le pacificateur de la Vendée ?
— Le petit Caporal ?
— Le Brave des Braves ?
— Le Vainqueur de la Marne ?
— Le père la Victoire ?
— Le chef de la 2e D. B. ?

5. Que vous rappellent...?

Versailles ? Varennes ? Valmy ? le Vengeur ? Arcole ? Austerlitz ? Waterloo ? Sainte-Hélène ? Verdun ? Casablanca ? la Libération ?

DEVOIR

COPIEZ (en complétant). — *1. La..... a été prise le 14 juillet..... — K..... a remporté la grande victoire de V..... — ..... a pacifié la V..... — ..... a été sacré..... par le pape. — Les Parisiens ont construit des..... en 1830 et en.....*

2. L'émir.... a voulu empêcher les F.... de conquérir l'A.... — .... est parti de Paris en ballon. — .... a arrêté les.... à la bataille de la Marne. — La 2me D. B. de.... a libéré St....

6. Qu'ont-ils fait de grand...?

Napoléon Ier

Bugeaud

Gambetta

Foch

7. Cherchez dans les leçons que vous avez étudiées.

1. — Donnez un titre aux images de la page de droite de chaque leçon.

2. — Cherchez l'image qui montre un grand changement dans la façon de construire les maisons.

3. — Cherchez les images montrant comment on a voyagé depuis la Révolution de 1789.

4. — Comment les dames sont-elles habillées à l'époque de la Révolution de 1789 ? au temps des barricades de 1830 ? au temps de l'exposition de 1867 ? Quel était le costume des hommes aux mêmes époques ?

5. — Comment étaient équipés : un volontaire de 1792 ? un grenadier de la Grande Armée ? un soldat du siège de Paris en 1870 ? un poilu de Verdun ? un soldat de Leclerc ?

6. — Quelles sont les images qui rappellent les grandes batailles ? Lesquelles ?

7. — Cherchez les images où l'on voit les Parisiens révoltés. Que font-ils ? Contre qui se révoltent-ils ? Pourquoi ?

8. — Cherchez les images qui représentent la conquête des colonies ? Dites où se passe chaque scène. Qui dirige la conquête ?

8. Comment s'habillait...?

Un papa au temps de Louis-Philippe ?
Il porte un pantalon assez collant, avec des sous-pieds. Le frac est une redingote avec deux rangs de boutons et serrée à la taille ; le col est très relevé, et laisse à peine voir la cravate. Le chapeau est un haut de forme.

Une maman au temps de Louis-Philippe ?
Sa robe est longue et très large ; les manches à gigot sont de plus en plus bouffantes du poignet à l'épaule. Une large collerette fait pèlerine. Les cheveux sont enroulés en chignon sur le sommet de la tête.

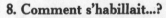

RETENEZ CES DATES

14 juillet 1789	: Prise de la Bastille par le peuple de Paris.
10 août 1792	: Le roi Louis XVI est détrôné et emprisonné au Temple.
1871	: Les Allemands prennent à la France l'Alsace et la Lorraine.
11 novembre 1918	: Foch fait signer l'armistice aux Allemands vaincus.
1944	: La France est libérée de l'occupation allemande.

TABLE DES MATIÈRES

Imprimé en France
SOCIÉTÉ L'ÉCOLE PARIS. - 9e Edit. 3036
OFFSET FIRMIN-DIDOT, 56, rue Jacob - PARIS — No 878